汉竹编著 • 亲亲乐读系列

蒙台梭利早教游戏

养出自律好孩子

李彩霞 主编

江苏凤凰科学技术出版社 · 南京

图书在版编目（CIP）数据

蒙台梭利早教游戏养出自律好孩子 / 李彩霞主编 . — 南京：江苏凤凰科学技术出版社 , 2023.08

ISBN 978-7-5713-3575-5

Ⅰ . ①蒙… Ⅱ . ①李… Ⅲ . ①智力游戏 – 学前教育 – 教学参考资料 Ⅳ . ① G613.7

中国国家版本馆 CIP 数据核字 (2023) 第 092913 号

中国健康生活图书实力品牌

蒙台梭利早教游戏养出自律好孩子

主　　编	李彩霞
全书设计	汉　竹
责任编辑	刘玉锋　王　超
特邀编辑	李佳昕　张　欢
责任校对	仲　敏
责任监制	刘文洋
出版发行	江苏凤凰科学技术出版社
出版社地址	南京市湖南路 1 号 A 楼，邮编：210009
出版社网址	http://www.pspress.cn
印　　刷	南京新世纪联盟印务有限公司
开　　本	720 mm × 1 000 mm　1/16
印　　张	8
字　　数	160 000
版　　次	2023 年 8 月第 1 版
印　　次	2023 年 8 月第 1 次印刷
标准书号	ISBN 978-7-5713-3575-5
定　　价	39.80 元

编辑导读

好习惯造就好性格，好性格造就好未来。培养出自律、积极的宝宝，是每一位父母的心愿。

在养育的过程中，宝宝难免会出现各种小的坏习惯，赖床、做事拖拉、说脏话、丢三落四、沉迷手机无法自拔，等等。很多父母可能在想："明明已经很细心地教育宝宝了，怎么还会出现这种情况呢？真让人担心，我是不是哪里做错了？"父母们不要过分自责，也不要着急，这可能是孩子敏感期在"作祟"。本书以蒙台梭利敏感期为依据，帮助父母找到孩子形成这些不良习惯的根本原因，并给出相应游戏来帮忙纠正，巩固好习惯。与此同时，本书还就"如何让父母不费力地养育出自律的好孩子"这一问题进行了详细解答。

本书在帮助父母培养守时、有礼貌、讲规则、细心专注的自律好孩子的同时，也能够让父母不再为孩子的不良习惯焦虑、担心。

目录

第一章 给足够的爱，成就自律孩子

第二章 培养守时、不拖延的孩子

第三章
用孩子易接受的方式定规矩

第四章
好的学习习惯都是培养出来的

第五章

建立人际依恋关系，孩子自立不叛逆

第一章
给足够的爱，成就自律孩子

真正的自律是能在大多时候控制自己的言行举止。那么怎样才能够培养出如此自律的孩子呢？答案是父母要给予孩子足够的爱。爱是孩子安全感的来源，也是他建立自我约束的基础。健康的亲子依恋关系让孩子想要获得来自亲人的认同感，从而变得更守时、更守规矩、更努力学习……

让孩子在充满爱的环境下长大

模仿是孩子很重要的学习方式，非常明显的一个例子就是孩子会模仿家长的行为。因此，我们更应该注意自己的一言一行。我们给孩子多少爱、给孩子怎样的爱，都会在孩子的身上留下烙印。

婴儿出生时是满怀恐惧的

7 个月大的胎儿就有心理活动了。当出生的时刻来临，这个弱小的生命从一个熟悉的环境进入一个完全陌生的环境时，他不得不为此做出艰难的挣扎。尽管他对所发生的事情还不了解，无法表达出这种痛苦，但这在他心灵深处已经打下了烙印，这就是婴儿的“出生恐惧”。婴儿对此有所感觉，并通过哭的方式来排解这种痛苦与恐惧。早产可能造成婴儿的“出生创伤”，这不只会造成婴儿哭泣和抗议，还会使他以一种不正常的方式发展，比如，在婴儿期表现出的超时睡眠、醒来时莫名其妙地大哭等，这都是因为他面临世界心怀恐惧而产生的畏缩表现。严重者长大以后还可能会表现为对他人的依赖，以及对新事物的学习障碍。

给孩子真正适宜的环境

孩子从妈妈肚子里来到这个世界，环境突然发生了巨大的变化，这时候我们应该怎样做来使孩子更快地适应这种变化、使其幼小的心灵得到安慰呢？

其实，此时新生儿在心理上和母亲还是一体的，新生儿来到了母亲的体外，改变了与母亲之间的位置，但在心理上仍受到母亲的影响，母子之间仍然有交流。也就是说，对新生儿来讲，只提供一个安全、安静的环境是不够的，我们需要给孩子提供一个真正适宜的环境。

让孩子在一个不受约束的、与他的年龄相适合的环境中成长，他的心理才会自然地发展并成熟。

父母是孩子成长的关键

父母应该为孩子形成健康人格打下最初的基础，并且始终关注孩子各方面的发展与成长。“父母是孩子的第一位老师”，且父母对孩子的影响是持续一生的。父母要了解关于孩子成长的常识和基本教育理论，同时系统地研究自我，放弃“父母是权威”这一老旧观念，做好被动观察和帮助的心理准备。

独立的环境：经历了出生的考验以及伴随而来的各种能力的觉醒之后，新生儿还需要经历一个关键的时期——与群体分离，并得到充分的休息。各种哺乳动物都有藏匿新生的幼仔，使其与群体分离一段时间的行为。新生儿大部分时间都在睡觉，这是一种保护性行为，以避免经受过多刺激。

适应环境的准备期：环境对于刚出生的婴儿是最重要的。新生儿期是婴儿来到这个世界上适应新环境的准备期。从安宁黑暗的液体世界来到这个充满光明、充满欢声笑语的人世间，婴儿原已初步发展起来的各种能力都会暂时休眠，随后在这个新环境里重新萌芽发展。

心理适应的建立：对一个新生儿的保护，不仅仅是避免他受到伤害，同时也应该采取措施，使他的心理能够逐渐适应并接受周围的环境，包括内在秩序建立、社会适应能力，以及人际交往关系的培养。

蒙台梭利的发现

不到 1 岁的幼儿能够对他周围的事物形成清晰的印象，并能在众多的印象中区分它们。

当孩子找不到可以关注的对象时，他就会坐立不安，到处乱动。就算着手做一件事，过不了多久也会丢下，因为他的心思分散在了许多不同的事情上，心理学家通常把这种状态称为“心理神游”。

在现实生活中，父母往往只在物质上满足孩子，孩子的精神始终处于“饥饿”状态。如果父母为孩子提供了适合的成长环境，并多与孩子交流，将会看到孩子能很快集中精力、愉快地投入到生活中，无目的的“神游”变得有方向了，这会帮助他更好地生活，更健康地成长。

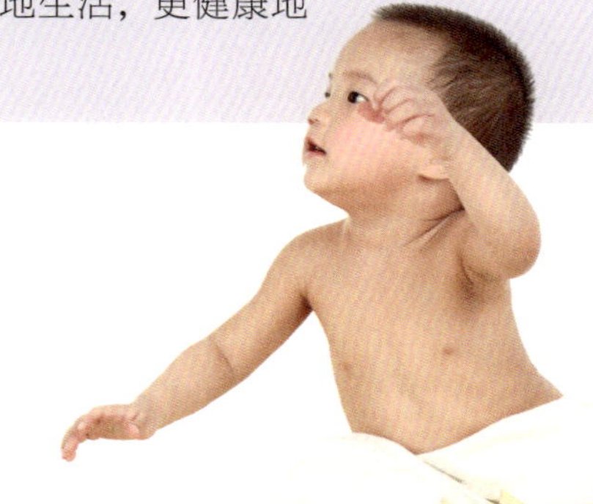

如何爱孩子

孩子通过爱可以获取智慧，通过爱可以对事物和环境产生兴趣。父母爱孩子其实很简单，顺应孩子的发育规律，满足孩子的合理需要，引导而非强迫等。蒙台梭利的教育理念就是让孩子在爱的环境下成长。

蒙台梭利的教育原则

蒙台梭利所提倡的教学方法着重于对孩子秩序感、专注力、自主性和独立能力的培养。

以孩子为中心。反对以成人为中心的教育观点，视孩子为独立个体，打造一个以孩子为中心、让孩子可以独立“做自己”的“儿童世界”。

完整的人格。反对以教师为中心的填鸭式教育，主张从日常生活训练着手，配合良好的学习环境、丰富的教具，让孩子自发地接触、学习，逐步建构完善的人格。

把握孩子敏感期的学习。0~6 岁的孩子，在不同的成长阶段会偏好不同事物，出现各种敏感期。蒙台梭利强调了解孩子的敏感期的出现规律，配合敏感期的特点，给予合适的学习内容。

教师居于协助、引导的位置。教师需要对孩子的心灵世界有深刻的认识与了解，放弃传统的教育方式，适时地给予孩子协助与引导，让孩子成为教育的主体，引导他动脑筋、长智慧。

父母的教育才是关键。孩子的教育受到家庭、学校、社会的共同影响。在父母与孩子共同成长的历程中，父母不仅可以学到先进的教育理念与教育方式，还可以和孩子一起上课，在课程中增进亲子感情。

丰富的教材与教具。孩子是靠感官来学习的，提供给他的良好刺激越多、越丰富，就越能激发他的内在潜能。因此，适合孩子的生长环境，应该能提供丰富的教材（包括自然的、社会的、人文的教材），以诱发孩子自我学习、自我构建、自我成长的乐趣。

给孩子足够的爱

传统的家庭教育观点认为，孩子不如成人生活经验丰富，为了避免“犯错”，需要成人的严格管教，所以孩子必须听从父母的。事实上，孩子有自己的想法，有自己的喜怒哀乐，父母要理解、尊重孩子，减少对孩子各方面的限制，这样孩子才会更自信、自立、自强。

蒙台梭利提出：父母似乎只注意到了孩子对新鲜空气和阳光的需要。这两样东西的确不可或缺，但它们只对身体有益。阳光只能洒在孩子的身上，无法照进孩子的内心。孩子的成长需要父母的关爱，当父母用他们的力量盲目、无知地摧毁了孩子特有、缓慢、脆弱且重要的内心建构工作时，孩子的成长也会受到影响。

父母要做的工作是创造一个有爱的环境，让孩子沐浴在爱的阳光下，让孩子的心中充满阳光。

溺爱的影响

在溺爱中长大的孩子不仅不懂得关爱和尊敬他人，还会形成唯我独尊的态度并养成依赖别人的习惯。怎么做是溺爱呢？

特别偏爱：家里最好的一切都给孩子、犯错从来不惩罚孩子，孩子在一次次的特别偏爱中，就容易变得自私，没有同情心，不会关心他人。

轻易满足：孩子要什么就给什么，容易养成不珍惜、不体贴他人的性格。

包办替代：父母包办孩子的一切，喂饭、穿衣、做决定，孩子无法成长为一个独立、自立的孩子。

抓住孩子的敏感期

孩子在成长过程中会在特定时期出现某些敏感性，我们将这些敏感性持续的时间称为敏感期。它们重要且神秘，有一定规律但又因人而异，且对孩子的发育有重要影响。抓住孩子的敏感期，对于促进孩子身心发展起着至关重要的作用。

发掘孩子的内在力量

著名的突触修剪理论，从生理学角度说明人的神经元是用进废退的，这表明孩子一出生就具有潜在的各种能力，但是这些能力是会逐渐消退的，父母需要特别注意，教育孩子重要的就是防止这种潜能由于得不到发展而消失，因此，要及时给孩子发展潜能的机会，尽早让孩子把这种能力发挥出来。

孩子在敏感期内能学会自我调节并掌握某种技能，这就像一束光把他的内心照亮，给他提供能量。正是这种敏感性，使他对一切都充满了活力和热情，能轻松地学会做每件事情，孩子的很多自律习惯都可以在对应的敏感期进行培养，这会有事半功倍的效果。如果孩子在其敏感期内没有按照他的敏感性指令行事，他将丧失这种天赋的力量。

让人惊叹的敏感性

在婴儿时期，孩子就对漂亮的物体和鲜艳的颜色非常敏感，到1岁以后，孩子开始对成人不留心的小物体感兴趣。孩子有着与成人不同的视角，不仅是程度和大小的差距，而且还会关注特别微小的细节，这就是孩子敏感性的表现。

识字敏感期的孩子对文字格外感兴趣。

秩序敏感期是培养孩子自律意识的关键期

孩子具有外部和内部两种秩序感。外部秩序感让孩子认识到他与周围环境的关系，内部秩序感让孩子认识到自身每一部分的相应关系。外部秩序和内部秩序的和谐有助于孩子建立秩序、养成自律习惯。

• 外部秩序感

孩子一般都是理解外界秩序之后才了解他周围的环境，随后才了解到自身和周围环境的关系。若秩序敏感期出现得比较早，孩子降生后的头几个月就会表现出对环境的敏感，其表现不限于对身边物品的控制欲、对环境变换的排斥及对固定搭配的坚持。如果环境中出现了异常，孩子会有一些表现，比如哭闹、发脾气、摔打物品、重复同一行为等。孩子生活在成人的世界，外部环境不单单属于他自己，如果不理解孩子的成人对其表现出来的敏感行为加以阻拦、制止，很容易阻碍孩子建立秩序、养成好习惯。

婴儿甚至比成人更能敏感地觉察周围环境的混乱，这种敏感性会随着年龄增长而减弱。

• 内部秩序感

敏感期与心理活动息息相关，敏锐的观察力和心理冲突为意识活动的发展打下了基础。人体内部存在一种能够使人意识到自己身体的不同部分所在不同位置的肌肉感觉，这种肌肉感觉需要一种特殊的记忆，可以称之为“肌肉记忆”。据研究，肌肉记忆早在孩子能够自由走动之前就出现了。蒙台梭利认为这种内部秩序的敏感是被自然赋予的特殊敏感。

内部秩序敏感期能帮助孩子自发建立一些基本原则，这些原则构成了孩子心理发展的基本条件，会很自然地影响其长大后的心理，对孩子建立自律性格影响较大。

内部秩序感影响孩子的身心健康

孩子和成人的内部秩序感不同，他的内部秩序感与安全感相关，如果孩子感到内部秩序混乱，会造成内心的痛苦和冲突，影响孩子的身心健康。

怎样和处在秩序敏感期的孩子相处

和处在秩序敏感期的孩子相处真的是一门艺术。怎样既能满足孩子秩序敏感期的爆发需求，又能创造出满足秩序敏感期需求的环境，是需要父母多动脑筋和学习的事情。

• 婴儿期——储备良好的秩序感

婴儿作为一个有序的生命体降临到这个世界，对外在秩序的稳定有着极大的需求。婴儿从子宫来到这个纷繁复杂的大千世界，不但对环境一无所知，而且稚嫩的身体未发育完成，躺在婴儿床上的他渴望拥有简单而有条理的有序生活，这有助于帮助婴儿认识新环境、了解新环境，直至分辨和掌握新环境。

月子期间如何建立婴儿的外在秩序环境

- 陌生人不得随便出入婴儿房
- 不可随意搬动房间的家具及摆设
- 为婴儿设定固定的活动区域

• 幼儿期——满足秩序敏感期的爆发需求

幼儿期的宝宝有着强烈的安全需要，一个有秩序的环境能帮他认识事物、熟悉环境。秩序感随着宝宝长大，在心理体验上会深化为安全感、归属感。

美国社会心理学研究显示：3~4 岁的孩子如果有着良好的生活秩序习惯，当他 6 岁之后，在人际交往中会表现出自如与和谐。2~4 岁是孩子个体秩序感发展的敏感期，爸爸妈妈要顺应孩子与生俱来的秩序感，满足孩子敏感期的爆发需求，培养合理的生活习惯，使孩子在自己喜欢的环境中愉快、有序地生活。

在孩子的成长过程中，父母应从点点滴滴的生活细节入手，采用适当方式培养孩子良好的秩序行为，还要营造宁静舒适、充满情趣又井然有序的家庭环境。同时以自身的秩序行为影响孩子，时时处处注意引导、提醒、教育，帮助孩子建立良好的秩序。

• 幼儿期秩序感培养的原则

通过井然有序的生活环境培养孩子的秩序感。

规律的作息：日常生活中，父母要为孩子安排一个科学合理且相对固定的作息时间表，并督促他遵照执行，这样不仅有利于孩子健康成长，还能培养孩子的时间观念和良好的秩序习惯。

整洁有序的家庭环境：家中的各种物品要摆放整齐，使用完毕后需物归原处。此外，3 岁前属于潜意识吸收性心智的时期，一旦孩子习惯了有秩序的外在环境，自然会喜欢并养成物归原处的习惯。平时鼓励孩子自己动手收拾玩具、图书，即使孩子表现得“笨手笨脚”、越帮越忙，也不要斥责他，而要耐心指导，积极引导。

和睦的家庭氛围：只有家庭成员之间和睦关爱、长幼有序，才能促使孩子形成一种追求文明、遵守秩序的良好心态。

规律的作息、整洁的环境和和睦的家庭可以满足孩子秩序敏感期的爆发需求。

通过生活细节及集体活动培养孩子的秩序感。注重日常生活中的细节，从小事入手培养孩子的秩序感，比如进门换鞋，并将鞋子放在鞋柜内摆整齐；毛巾用完要放回原处；厨房的碗筷按照从大到小的顺序整齐放好。此外，父母还要经常带孩子参加集体活动，让孩子在与他人相处的过程中形成规则意识。比如在游乐场玩滑梯时，妈妈要告诉孩子应该自觉排队，有先有后，不推不挤。

通过遵守公共场所的规则培养孩子的秩序感。要自觉遵守每个公共场所的规章制度，比如过马路，要遵守交通规则；乘坐公交车，要排队上车、先下后上、文明礼让；游览公园，不能攀折花木、践踏草坪，等等。

社会规范敏感期影响孩子的自立能力

2.5~6岁是孩子社会性发展的敏感时期。为了让孩子将来能够顺畅、自然地融入社会，并且一生成长得自在快乐，家长首先要和孩子建立起良好的依恋关系，为孩子提供系统的品德教育环境，规范自己的言行，为孩子做好表率。同时丰富孩子处理人际关系的生活经验，教会孩子平和地与人相处、与人交往、与人沟通。让孩子在认识自我、建构自我的过程中了解社会、认识社会，最终适应并融入社会。

- **有助于建立正常的依恋关系**

与父母之间建立的亲子依恋关系是孩子人生中最早体验到的关系，同时也是人际关系中最为重要的一环。如果孩子对依恋的努力最终换来的是温暖、受保护和关爱，他就会懂得与其他人交往是有价值的。在和其他人进行交往的基础上，他会学习如何组织、处理他的各种冲动，还会发展形成一种系统用以促进与他人的交往。但是，如果孩子对依恋的努力换来的是痛苦、失望和冷落，他则会“学习”逃避他人，逃避与他人交往，还可能会尽力地按照他的冲动来保护自己或者探索外部环境，而这种举动很有可能会损害或侵犯他人的权利。

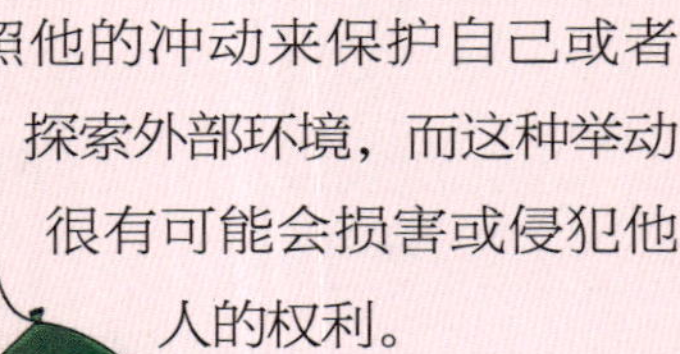

- **有助于培养孩子的自理能力**

孩子的很多行为其实不是自私，而是自我的表现。自我是指一个人按照自己的心理、意愿、意志、情感支配自己的行动，行使自己的计划。孩子自主意识的萌芽，是孩子走向独立、建构自我、自我管理的良好开端。

孩子自我形成的早期，一定是从强烈地占有可触摸到的东西开始的。孩子先确定“我的”东西，从具体的“我的”一步步建构无形的自我概念，形成强烈的占有欲之后，通过藏匿占有物的过程继续强化“我的”概念。

大多数父母想让自己的孩子学会分享，但在孩子自我意识形成的敏感期还是不要勉强他。如果父母强迫孩子与他人分享，会让孩子产生强烈的不安全感，在这种不安全感的影响下，孩子的自我意识不仅得不到健全的发展，还会阻碍孩子人格的发展。

• **为人际交往奠定基础**

一对一的交换玩具或食物，标志着孩子人际关系敏感期的开始，这是孩子成长和发展过程中一个非常重要的需求。孩子人际关系敏感期的顺利发展将为孩子一生中人际关系的良性发展奠定至关重要的基础。

孩子人际关系的交往也遵循着从有形到无形的联系、感受、体会、内化与感悟。最初，孩子通过分享好吃的食物可以交到好朋友，不久孩子就会发现有好吃的就有朋友，吃完了，朋友就有可能变成了其他人的好朋友。于是，交换上升一个台阶，发展到用不会很快消失的玩具来和周围的小朋友建立联系和友谊。

接下来，孩子又会在交往的过程中体会到玩具也不能真正维系一段长久的友谊。于是，对人际交往认识就又上升一层，孩子会在不停变换的角度与角色中摸索出真正和谐的人际交往状态，最终找到志趣相投、彼此理解、彼此关爱的好朋友。

抓住敏感期，学习也能事半功倍

孩子的许多敏感期都和学习能力相关，比如对细微事物感兴趣的敏感期、书写敏感期、阅读敏感期、文化敏感期等，在这些敏感期，父母做好引导能够为孩子建立良好的学习习惯，为以后培养孩子的自主学习能力打下基础。

影响学习的敏感期

- 对细微事物感兴趣的敏感期。对细微事物感兴趣，会使孩子具备惊人的观察与探索能力，是开启孩子智慧的一道门。

- 书写敏感期。当书写敏感期到来时，强烈的书写欲望会促使孩子高度专注并持续不断地书写。这时候，书写变成了孩子生活中的乐趣。

- 阅读敏感期。0~2 岁是孩子的前阅读时期和语言萌芽期，父母的任务就是让孩子对书籍产生兴趣，愿意翻看书籍。

- 文化敏感期。孩子对文化的兴趣始于 3 岁左右。3~6 岁能够轻易地从接触与活动参与中汲取文化并自然成熟，到 6~9 岁则出现探索事物的强烈需求，敏感期孩子的心智就像一块肥沃的田地，准备接受大量的文化播种。

培养自律而非他律的孩子

自律是指孩子能够自我管理；他律的孩子则是指被他人规划、催促去完成任务。自律的孩子能更好、更快地执行并完成目标，也更容易建立独立的人格、养成好习惯。

独立是孩子成长的最终方向

胎儿一旦脱离母体，就开始朝着自身独立的发育方向发展。在这个过程中，孩子会自发地克服各种阻力，努力完善自身，这是一种潜藏在其体内的巨大力量。

要想培养出独立的孩子，必须让他的个性得到自由、积极的发展，让他通过自己的努力达到独立。谁都知道，教一个孩子自己吃东西、自己洗衣服和穿衣服是一件多么单调乏味，而且困难的工作，需要花费的精力比喂养孩子、给孩子洗衣服和穿衣服更多，因为前者是教育工作，后者只是简单的照顾。

只做照顾的工作，对于父母来讲更容易，但这对孩子来说非常不利，因为它关闭了孩子自我学习的大门，是孩子独立道路上的障碍。

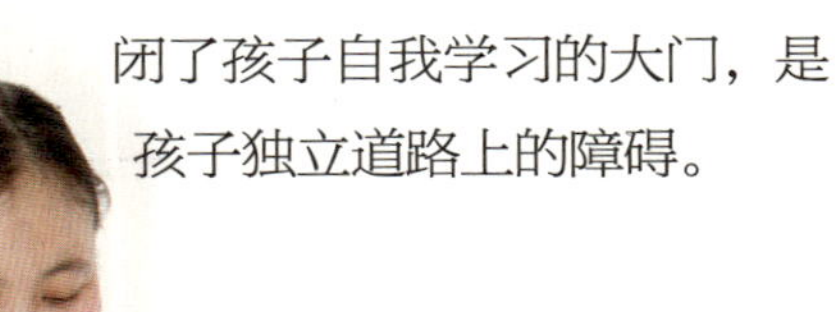

孩子建构自我的 5 个重要阶段

- 脐带剪断的那一刻，意味着胎儿不再依赖母体，可以相对独立地存活了。
- 6 个月左右，孩子开始添加辅食，在独立的人生路上又迈进了一步，可以不再单纯依赖母乳而生存。
- 孩子一旦开始说话，能够表达自己的需求，他就开始了用语言与社会交流的阶段，这又是一次独立的飞跃。
- 1 岁左右，孩子开始行走，这是孩子的“第二次出生”，可以不用依赖他人，到自己想去的地方。
- 2 岁左右，孩子逐步摆脱对成人的依赖之后，就会寻求精神上的独立。孩子开始以自我为中心，在意志上想把自我和他人区分开，凡事要自己做，故意以“不”来反抗成人的意见，这个时期的“不”是孩子人生中的第一个“独立宣言”。

适度“放纵”孩子

教育不能简单地用约束来替代，孩子的成长也不是要禁锢在固定的条条框框里。有些父母认为孩子是无法自觉学习的，必须给予严格的约束和教育，或者以一些命令形式来规范孩子的纪律性，以此来预防孩子懒惰或不听话。最终，严格执行后，你会发现适得其反，甚至孩子失去了规律生存的能力，变得更加懒惰和不听话。仔细分析，只因为一切都是他人对孩子的要求，没有转变为孩子的自律。

其实，孩子完全可以自主地学习，他希望父母或老师给予自己足够的信任。适当地“放纵”，在自由、宽松、互相尊重的环境里，孩子会更容易表现出较强的自主和自律。当然，适度对孩子提要求，达成双方的约定是必要的，这也是适度“放纵”的意义所在。

不要控制孩子

孩子生活在成人的世界里，他会尽可能注意自己的举止，并克制自己的行为，如果父母再对孩子的生活、行为、习惯等方面进行控制，孩子是无法完成自我成长的，父母必须给孩子机会，让他练习去做想做的事，因为要发展就需要不断地练习。

父母的权威并不是来自严肃的面孔，而是来自父母能够给予孩子的帮助。

相信孩子的自我教育

我们要按照孩子的天性来引导他发展，父母也要相信孩子的自我教育能力，让孩子经历完整的自我成长过程。只有这样，孩子才能更好地控制自己的身体、发展健全的心理。

教育的最高点是自我教育

孩子终有一天会走向社会，想要在社会中继续进步，除了接受社会规则的约束，还需要形成自我认识、自我监督、自我评价的体系。

父母不需要告诉孩子每件事的对错，要相信孩子可以在认识世界的过程中形成自己的判断力，在他人的反馈中形成自我评价。虽然孩子可能会形成错误的认知，但这是成长的必然过程。孩子需要在犯错中积累面对挫折的经验，父母的过度干预看似是让孩子少走弯路，实则是在剥夺孩子面对挫折的机会。

自己穿衣服是孩子走向独立的表现。

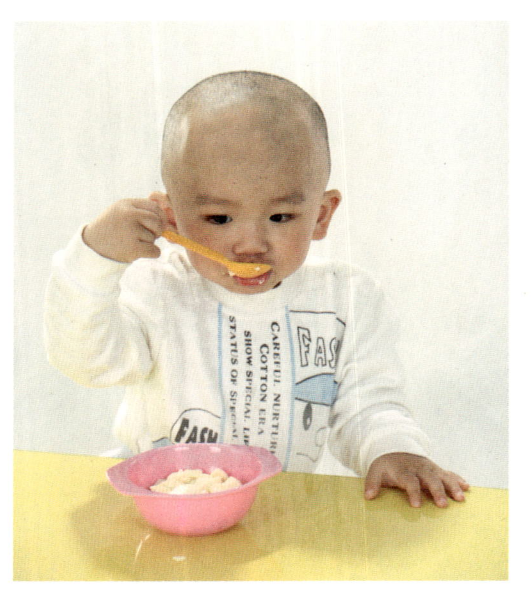

观察孩子，给他们自由

父母要成为耐心的观察者，而不是对孩子的举动横加干涉的领导者。父母要尊重自己所观察到的一切，而不是把自己的意志强加到孩子身上。事实上，由于没有意识到这一点，很多父母都在不知不觉中扼杀了孩子刚刚开始表现出来的积极性。父母必须学会尊重孩子的个性。任何教育行为，要想行之有效，首先必须帮助个体得到充分的发展。

孩子有自行纠错的能力

在整个孩童时期，错误不仅是不可避免的，而且是必需的。在活动中认识错误、改正错误就是孩子成长的方式，也是成人继续进步的方式。就像植物在生长中会向各个方向伸出枝条，但有些方向是没有空间、没有阳光的，于是植物通过中断这些枝条的营养供应来修正自己的生长方向，孩子也能通过活动的结果来纠正自己的错误。

如果父母总是对孩子进行夸奖或惩罚，那孩子就没有了自我约束的意识。如果孩子正在“工作”，父母却不停地给他奖励或惩罚，这样会严重影响孩子精神上的自由。

自发的纪律

孩子的行为看起来是混乱的，但有其自发的纪律，比如孩子能够安静地、全神贯注地游戏、学习，睡觉前说话刻意地放轻声音，对父母的要求能够迅速地做出反应等。孩子会制订并服从那些属于自己的规则和纪律，父母要做的就是观察和适当地引导，以强化孩子自己制订的、选择的纪律。

教育慎用奖励和处罚

一个享有自由并自我约束的人，会追求那些真正能激发和鼓励他的奖赏，而忽视与他的兴趣毫不相干的奖励。一个具有了主动性的孩子也是如此。

有些父母经常用糖块奖励听话的孩子，或者罚出错的孩子站墙角等，且自以为很有效。但是在孩子心里，他找不到刚才的行为与糖块或墙角有何联系，刚开始他会对受到的奖惩感到迷惑，但逐渐地，成人不容置疑的态度使他内心发生转变，孩子减弱了事情本身带来的感受，他了解到父母的反应才是决定自己命运的关键。从此孩子将依赖于父母的态度和指导行动，他内心的自主性被外在的东西取代了。

父母应该坚持正面引导与提示修正相结合，以表扬赞赏为主，提示修正为辅。这样才能更好地调动孩子自身的积极因素，促使孩子形成自我教育的意识和能力，不断取得进步。但无论是表扬奖励还是提示修正，如果运用得当，就会收到好的效果；反之，则会产生负面的、与父母预期相反的效果。

惩罚不会提高孩子的能力，只有不停地练习和获取经验才能提高孩子的能力。

第二章 培养守时、不拖延的孩子

“一寸光阴一寸金，寸金难买寸光阴。”时间是宝贵的，且对每个人来说都是平等的。懂得珍惜时间的人会抓住每一分每一秒，让每一秒都过得有意义！让孩子抓紧时间做自己喜欢的事和有意义的事吧！

孩子起床困难

飞飞 4 岁了，他刚刚进入幼儿园，早上喜欢赖床。几乎每天早上，飞飞的妈妈都要提前 30 分钟开始叫飞飞起床，否则去幼儿园就会迟到。可每次叫飞飞起床都很费力，飞飞妈妈试过很多办法，但每次都会忍不住冲飞飞大吼，尽管她也不想这样。

蒙氏解析

没有养成良好的作息习惯

孩子每天总是想几点睡就几点睡，没有养成规律的作息习惯，生物钟混乱，早上有时醒得很早，有时醒得很晚。

习惯晚睡

一些孩子习惯晚睡，但每天是需要足够的睡眠时间的，早上自然会赖床不想起。

晚睡的原因

- 白天运动量不够。孩子精力旺盛，如果白天运动量不够，精力得不到释放，会到很晚也不困，难以入睡。
- 还没有玩够。家长为了让孩子养成好习惯，总是强迫孩子早早上床。偶尔一天家长不在，孩子自然而然地会“舍不得”睡，想要看一看星星什么样。
- 晚饭吃得过饱。孩子晚上吃得太饱了，感觉肚子胀得难受，翻来覆去睡不着。
- 贪玩熬夜。孩子碰到自己喜欢的玩具、动画片，总是玩得、看得停不下来，忽略了时间，家长劝说也没用。

目标感缺失

孩子如果缺失目标感，早点起床对他就没什么吸引力。这听起来好像和早上起床困难没有关系，起床难道还要有吸引力吗？其实，在孩子没有意识到按时起床对他来说有多么重要时，他就很难产生紧迫感，自然是能多睡一会儿就多睡一会儿。家长应该陪孩子建立目标感，可以通过让他明白每天按时起床之后要做什么，也可以是和孩子一起制订每天作息安排等方法来实现。

父母的娇惯与纵容

到了起床时间，父母看到孩子睡得正香，十分舍不得叫他起床，怕孩子难受、哭闹。于是，决定让孩子想几点起就几点起，即便迟到也没关系。

缺乏良好的睡眠环境

夏天孩子的卧室闷热，冬天孩子的卧室阴冷；到该睡觉的时间了，爸爸妈妈还在吵吵嚷嚷，没有安静的环境。

蒙氏早教培养游戏

给孩子宁静的环境

适宜年龄：0~1 岁

用具准备：无

练习方法： 1. 孩子最好待在听不到街道上噪声的宁静的房间里，并尽量保证在屋内听不到高声的、嘈杂的响动。2. 房间的光线能够及时调控。除了上卫生间等关键时刻的照明，房间的光线可幽暗些。3. 调整房间的温度和湿度，使它们接近孩子感到舒适的体感。

让孩子分辨白天和夜晚

适宜年龄：6 个月以上

用具准备：无

练习方法： 1. 让孩子知道白天和夜晚，并且知道白天是用来活动的，夜晚要睡觉。2. 在白天尽可能参与有趣、欢乐的活动，在明亮的房间坐着给孩子喂奶；到了晚上就要营造安静、放松的环境，在比较昏暗的房间躺着喂奶。

养成好的睡觉习惯

适宜年龄：1~2 岁

用具准备：洗澡用具，睡衣，玩具，婴儿床

练习方法： 1. 睡前给孩子洗个澡，让他彻底放松。2. 给孩子脱掉鞋袜，换上宽松的睡衣。3. 把孩子放入婴儿床时，可以给他一个搂抱的玩具。4. 家长守候在孩子身旁，轻声低语，让孩子放松情绪。5. 哼唱固定的催眠曲，或者播放固定的催眠音乐，把灯光调暗。

大风和树叶

适宜年龄：1~3 岁

用具准备：树叶

练习方法： 1. 家长和孩子到户外，欣赏秋风吹、树叶落的景象，并教孩子学说："风来了，树叶飞起来了！""风停了，树叶落下来了！" 2. 让孩子捡起一片树叶，和家长做游戏。家长说"风来了，树叶飞起来了"时，孩子将树叶高高举起，自由奔跑。家长说"风停了，树叶落下来了"时，孩子拿着树叶慢慢停下。3. 游戏前家长需提醒孩子，奔跑时不要着急，避免摔跤。游戏结束之后，可以让孩子将树叶收集起来作为其他活动的素材，比如树叶画、树叶手工等活动素材。4. 此游戏能够增加活动量，释放孩子精力。

白天增加户外运动，消耗孩子的精力，晚上会更容易入睡。

追泡泡、戳泡泡

适宜年龄：1 岁以上

用具准备：吹泡泡的工具及泡泡液

练习方法： 1. 带孩子到户外开阔的空间（比如公园、楼下广场等）中去，家长吹泡泡，并给孩子演示如何追泡泡、戳破泡泡，然后鼓励孩子和大人一起做。2. 为了吸引孩子的注意力，家长在吹泡泡之前可以先念一遍儿歌给孩子听。

大泡泡，小泡泡，宝宝快来追泡泡。

泡泡圆，泡泡亮，圆圆泡泡真好玩。

3. 还可以叫上周围的小朋友一起来玩这个游戏。

借助榜样的力量

适宜年龄：1 岁以上　　用具准备：无

练习方法： 1. 建立生活秩序应该从成人开始，让孩子逐渐靠拢过来。2. 老人更擅长维持正常的生活规律，父母可以请孩子的爷爷奶奶、姥姥姥爷来家里住一段时间，给孩子提供规律生活的榜样。3. 或者，父母可以请一个按计划工作的小时工，促使孩子建立有计划的生活秩序。

制订一个作息表

适宜年龄：2 岁以上　　用具准备：无

练习方法： 1. 孩子的身体本身有自己的规律，知道什么时候休息、什么时候醒来，这就是“生物钟”。父母要做的就是了解孩子自身的规律，并根据具体的气候变化制订适合孩子的活动计划和作息时间。2. 然后，父母要和孩子一起执行这个计划，帮助孩子养成自己的生活习惯。3. 一年之中起码需要 3 个不同的作息表：夏季、冬季及春秋。

跳房子

适宜年龄：3~6 岁　　用具准备：粉笔，石子

练习方法： 1. 用粉笔画一个游戏格子，每个格子里都写上一个英语字母，A、B、C 等，依次向后延伸。2. 向方格内掷入小石子，按字母顺序跳入小方格，捡起小石子，再按照原路返回。3. 每跳过一个小方格，就把方格内的字母大声读出来。4. 方格内所有的字母都能读熟之后，再写上其他的字母或单词。这个游戏让孩子在学习知识的同时，也使他的精力得到释放。

父母可以这样做

很多父母都知道，充足的睡眠是非常有利于孩子大脑发育的。如何保证孩子的睡眠充足呢？一味地强迫孩子睡觉反而会事与愿违，父母要做的是找到温和且能够让孩子自发地按时睡觉的方法。

养成规律作息，让起床变得不困难

规律的生活会给孩子带来稳定感与安全感。特别是孩子每天的生活作息时间应保持相对固定，这样可以使他习惯每天在某个特定的时间做相同的事情，并能知道下一个时间段该做什么事情。即使父母因为各种原因不能按时作息，也要尽量保证孩子的生活有规律。这不仅是为孩子的身体健康着想，也因为这种规律性会被孩子的心灵吸收，成为他心理世界中稳定的一部分，带给他安全感。

运用榜样的力量，让孩子养成早睡习惯

有的家庭习惯晚睡，到了十一二点爸爸妈妈还在玩电脑或者看电视，家里灯光很亮，这样宝宝会认为现在还不是睡觉时间。因此爸爸妈妈首先自己要做到早睡早起，有规律地作息，这样才有助于培养孩子健康的生物钟。这种规律的作息最好从孩子出生就开始有意识地执行。

可以放任一两次

孩子正处于身体发育的重要时期，需要足够的睡眠时间来助力成长，叫醒太早或孩子真的没睡够，长期下来会影响长高和大脑发育。

当孩子实在不想起床时，父母可以放任孩子再睡五分钟或十分钟。如果时间到了，孩子再拖延，父母坚决不能答应。父母有原则，孩子有规矩。

如果孩子实在不肯起来，可以果断地放任孩子睡到自然醒。但是再晚，也不要给他请假，可以让他自己去跟老师沟通，让老师引导、教育他，让孩子学会承担错误造成的后果，这是培养孩子责任心的一种好方式。

父母不要这样做 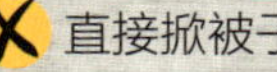 直接掀被子叫醒孩子  一直催促孩子起床 ✗ 大声呵斥

用孩子接受的方式叫孩子起床

赖床是很多孩子都会有的现象，每天早起困难，起来又磨磨蹭蹭，父母难免会着急，想要对孩子发脾气。有的家长还会因为对孩子的种种表现不满而指责孩子，这不仅容易损害亲子关系，还易损害孩子的心理健康，那么怎么叫醒赖床不起的孩子呢？

可以用有爱的抚触叫醒孩子。早上家长提前将孩子抱起，轻拍孩子的后背，揉捏孩子的四肢，还可以做一做屈伸运动，轻轻触碰孩子的耳朵、鼻子、脸颊，让孩子从熟睡的过程中慢慢地醒来。

让阳光叫醒孩子。阳光能够调节人体中褪黑素的浓度，褪黑素是一种能够让人产生睡意的物质，让孩子接触到阳光，能够帮助他自然清醒。在天气晴好的时候，拉开窗帘，让孩子接触到大量阳光，是很好的叫醒方式。

设置固定的叫醒背景音乐。和孩子一起设定一个叫醒背景音乐，在孩子起床的前10分钟开始播放，并随着时间的推移，逐渐调大音量，让孩子在音乐声中渐渐苏醒。在背景音乐的选择上，要以轻柔欢快为主，这样既不会吓到孩子，又不用担心音乐太过柔和，没有作用。

让孩子自己决定作息时间

有时候，自我管束的效果远比被父母催促要有用得多。让孩子自觉按时睡觉其实很简单，那就是让孩子自己控制入睡和起床的时间。

与孩子做好协商，让孩子自我管理，尝试帮助孩子形成睡眠意识，建立良好的睡眠习惯。

让孩子自己决定睡觉时间并按约定调整睡眠时间，这样做，既能保证孩子的健康发展，又能保护孩子的独立自主性。

强迫孩子睡觉是没有意义的

独立是孩子成长的主要目的，父母要珍惜孩子的独立性意向，在了解和尊重孩子的基础上，有技巧地使其独立性不断发展。比如，如果孩子不愿意在成人规定的时间睡觉，强迫孩子闭着眼睛待在床上是没有意义的。

孩子睡觉前，父母可以为孩子创造良好的睡眠环境，比如晚上和孩子一起铺床，移除卧室的玩具。另外，孩子醒后父母可以和他一起叠被子，避免孩子再睡回笼觉。

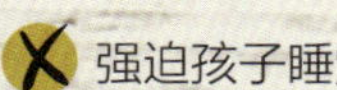

✗ 拍打孩子起床　✗ 强迫孩子睡觉　✗ 不根据孩子实际情况灵活变化，一直沿用同一作息表

说好玩 1 小时，结果玩了半天

妈妈带鑫鑫回乡下姥姥家过暑假，在这里认识了一个好朋友——浩浩。

一天，浩浩来找他一起去抓知了，鑫鑫和妈妈约定玩 1 小时就回来。没一会儿，他们就抓了好几只知了，高兴极了。浩浩又带他去自家的香瓜地摘香瓜，香瓜真好吃，鑫鑫不知不觉就把和妈妈的约定抛到了脑后。直到两人饿得肚子咕咕叫时才想起回家，见到晚归的鑫鑫，妈妈并没有说什么。

第二天，鑫鑫还想出去玩，妈妈对他说："昨天你们没有按照约定的时间回来可把我急坏了，都快哭了，以后你应该怎么做呢？"鑫鑫听到自己不按时归家让妈妈担心、着急，心里很过意不去，后来，他再也没有出现过不守约定的事情。

蒙氏解析

缺乏时间概念

孩子时间意识的产生落后于空间意识，空间可以直接地看到，相比之下，时间更显抽象化，不容易被孩子感知到，所以当孩子与父母约定时间的时候会非常爽快。但到时间时孩子并不知道，因此会造成超时的现象。

玩得过于入迷

现在的游戏、玩具都非常吸引人，因此，孩子玩得特别开心，容易沉迷。当孩子被父母喊停的时候，难免会产生烦躁的心理，此时如果再听到父母说他不守时的抱怨，很容易引起冲突，也会让孩子越来越不愿遵守约定。

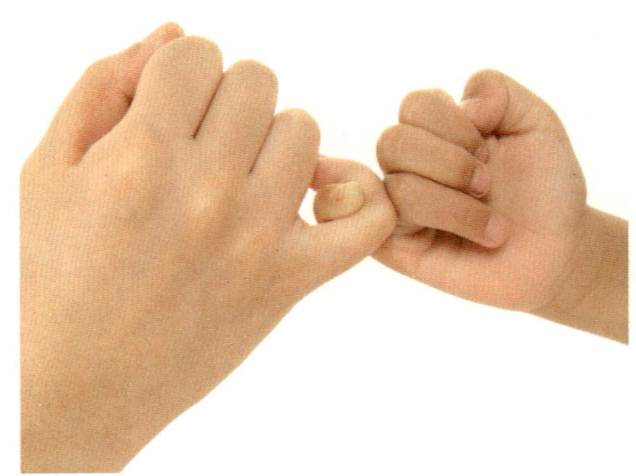

父母总是不遵守约定

父母喜欢与孩子约定事情，但约定后总是不兑现承诺，于是孩子失去了对父母的信任，慢慢地就不再听他们的话了。比如，妈妈和孩子约定玩 1 小时，如果孩子按时停止，就奖励他再玩 10 分钟。可是当孩子主动停止游戏后，妈妈却说："真不错！"同时，把玩具收起来。此时，孩子会感到委屈，觉得妈妈说话不算数，那么以后也不再遵守约定了。

蒙氏早教培养游戏

固定时间放音乐

适宜年龄：1岁以上

用具准备：一些适合孩子听的轻柔的音乐

练习方法： 1. 家长可以在每天固定的时间段内（时间不宜过长，10分钟左右即可），为孩子播放一段音乐，并告诉孩子这是每天都会有的音乐时间。2. 注意，播放音乐的时间一定要固定，并且必须长时间坚持，最少应坚持一个月。3. 此游戏能够帮助孩子建立最初的时间观念，同时陶冶情操。

听听时间的声音

适宜年龄：1岁以上　　用具准备：机械表

练习方法： 1. 找一只能够听到嘀嗒声音的机械表，告诉孩子时间是有声音的。2. 将机械表放到孩子的耳旁，告诉孩子嘀嗒一声，就是一秒钟。3. 年龄较大的孩子，父母可以让他在心里默数听到的声音，说出过了多长时间。

走一走，停一停

适宜年龄：1岁以上　　用具准备：无

练习方法： 1. 牵着孩子的手向前走，边走边说："走、走、走、走、走……停！"2. 当家长说到"停"时，马上停下脚步。3. 把运动的方式从"走"改成"跳"，"跳、跳、跳、跳、跳……停！"4. 当家长说停的时候，马上停下来。5. 继续改变动作，要记住说"停"时马上就把动作停下来。6. 通过听口令的游戏让孩子学会遵守规则。

认识时针和分针

适宜年龄： 3岁以上　　**用具准备：** 旧钟表

练习方法： 1. 找一只旧钟表，告诉孩子关于时间的故事，教孩子认清时针和分针。2. 先让孩子自己动手调整钟表，初步了解转动时针分针的规律。3. 说出一个时间，让孩子迅速用时针和分针表示出来。4. 在游戏过程中，穿插告诉孩子时间的宝贵。

限时挑战

适宜年龄： 3岁以上　　**用具准备：** 计时器

练习方法： 1. 在规定时间内让孩子完成一个随机的任务，比如，背一首前天教的儿歌、小诗，或者画一个图形等。2. 当孩子背出或画出后，及时给予孩子鼓励，并给孩子一些小奖励；答不出也不要责骂，可以再尝试一次。3. 注意规定的时间不宜过长，2分钟左右即可。

木头人

适宜年龄： 3岁以上　　**用具准备：** 无

练习方法： 1. 爸爸妈妈和孩子站在一起共同喊口令："我们都是木头人，不许说话不许动，不许走路不许笑！" 2. 口令完毕后，立刻保持静止状态，无论是什么姿势，都必须保持不动。3. 如果有一人先忍不住发笑、说话、运动，那么这个人就违反了游戏的规则。其他人就可以随意点播节目：唱儿歌、背古诗、跳舞等。4. 然后开始下一轮游戏。

月历中的秩序

适宜年龄：4 岁以上
用具准备：旧月历，安全剪刀

练习方法： 1. 把每个月撕下的月历纸保存起来。2. 和孩子一起将上面的数字剪下来（包括年、月、日），放在纸袋里。3. 让孩子和同伴比赛，或者和爸爸妈妈比赛，看谁能将纸袋里的数字按顺序正确地放在月历纸上，使之成为完整的月历。4. 比赛谁能最快排出一个正确的月历，在增加游戏的挑战性和趣味性的同时，可以让孩子感受时间的宝贵。

限时捉小鱼

适宜年龄：4 岁以上
用具准备：细线，硬纸壳做的小鱼，纸盒

练习方法： 1. 把小鱼穿在细线上，用双面胶固定在绳子上，高度以让孩子蹦跳可以拉到为宜。2. 准备好一块表，用于倒计时。3. 让孩子在规定的时间内把绳子上的小鱼摘下，放进盒子里。如果有其他小伙伴和孩子竞赛，效果更佳。4. 孩子完成后，让孩子休息一下，继续游戏，看看与上次相比成绩是否有进步。如果有进步及时给孩子鼓励。

一分钟可以做什么

适宜年龄：4 岁以上
用具准备：秒表

练习方法： 1. 父母按下秒表，让孩子估计一分钟的长度，当孩子觉得已经到一分钟时喊“停”，父母按下秒表，给孩子看实际经过了多长时间。2. 父母计时一分钟，让孩子试试一分钟能走多远，一分钟用筷子夹起几个玻璃球等。3. 让孩子开动脑筋，想想一分钟还能做什么，和父母一起试一试。

父母可以这样做

孩子没有时间观念也许是还不明白时间的重要性，也可能是不了解自己的“放纵”给他人带来了什么影响。父母要相信，当孩子明白了自己的任性会给别人带来困扰时，他就会开始自省，并试着约束自己的行为。那么父母该怎么做才能够让孩子从心底意识到错误，并开始约束自己的行为呢？

用后果强化时间

适当地让孩子认识到不守时带来的后果，是督促孩子遵守时间的重要方式之一。比如，本来约定玩一个小时，结果玩得太开心，过了午饭才回家，提醒两三次还是如此。那就等下一次晚回家时，不给孩子留饭菜，让他回家时发现家里饭菜都被吃光了，自己只能饿肚子，孩子就会对这种后果产生一定的“身体记忆”了。但需要注意的是，无论是表扬奖励，还是提示改正，只有运用得当，才会收到好的效果；反之，则会产生负面的、与父母预期相反的效果。因此，需要谨慎使用用后果（即惩戒）强化时间感的方式。

为孩子设置闹钟

因为孩子在玩时关注不到时间的流逝，此时，家长应该给孩子设置闹钟，让孩子在听到铃声时知道时间到了，该停止玩了，除了玩，写作业、看书时也可以为孩子设置闹钟，让他按时完成，培养时间观念。

家长应说到做到

父母是子女的第一任启蒙老师，父母的言行对孩子的成长起着很大的作用。因此，当父母与孩子约定一件事之后，一定要说到做到，不要认为孩子还小，他什么都不知道，也记不住就随意毁约。

父母不要随意定约定，而且应说到做到，在耳濡目染之下，会让孩子养成遵守约定的好习惯以及明白时间的重要性。

如果父母没有做到，也要清清楚楚、认认真真地告诉孩子做不到的原因，不能敷衍了事，更不能以“居高临下”的长辈姿态说“做不到就做不到，这没什么”。

父母不要这样做

 看到孩子晚归，不问原因就指责

✗ 一味纵容孩子，想玩到几点都可以

让自己先冷静下来

有时孩子没有按照约定时间回家，父母心里十分着急，赶紧给孩子打电话。如果孩子玩得正高兴，没有接电话，父母就会非常担心，赶紧去找，见到后表现着急的方式却是劈头盖脸一顿骂，让孩子有些不知所措。如果孩子没有按时回家，父母千万不要自己先慌了手脚。等到见到孩子时，需要冷静地问孩子回来晚的理由，表示理解的同时，表达出自己的担心。通过沟通让孩子明白自己的担心，这样孩子会更愿意接受。

家长：“宝贝，咱们已经约定好了时间，为什么没有按时回家呢？”

家长：“是不是和小伙伴玩得太开心了，忘记了时间呀？妈妈（或爸爸）理解你，也请你理解我，回家晚了，我心里特别担心你的安全。”

家长：“妈妈（或爸爸）知道你不是故意的，下不为例，好不好？我相信你下次一定能遵守约定，按时回家。”

把事情与时间画等号

家长可以在日常生活中强调时间，比如，当孩子早上起床时说：“现在是早上七点钟了，宝贝，该起床了。”快吃中饭时说：“现在是中午十二点了，宝贝，该洗手吃饭了。”

家长可以在固定的时间点做固定的事情，并在话语中强调现在是什么时间段，在这种潜移默化下，让孩子感受时间节点的变化。

在日常生活中建立“时间知觉”

在日常生活中父母也可以对孩子多提时间，比如，“宝贝真棒！用了 5 分钟就能把玩具收拾得这么整齐”“宝贝，太厉害了，说玩 10 分钟就玩 10 分钟！妈妈必须表扬一下你”等。然后家长也可以试着问一问孩子“你觉得半小时能做多少事情呢？要不要试一试”或者“从这里走到超市需不需要 15 分钟”等，慢慢帮孩子建立“时间知觉”。

时间知觉指的是时间感，是心理学上的专业名词，是对客观现象延续性和顺序性的感知。简单来讲，就是人对时间的知觉。当孩子时间知觉强时，就能够建立守时意识。

✗ 不停地唠叨孩子不听话　✗ 父母一到周末比孩子还懒散　✗ 抱怨、指责孩子不遵守约定

总是比约定时间晚到

珊珊和月月相约周末 9 点在公园门口集合，一起去看花。周末到了，月月早早地给珊珊打了电话，说："珊珊，准备好快出发，咱们 9 点公园门口见。"珊珊说："我马上到。"

珊珊想：出去玩一定得穿得漂亮一些。于是，她开始找衣服。可是越着急越找不到让自己满意的衣服，不知不觉就超过了约定的时间。等到了公园时，珊珊发现月月已经进去了，伤心地哭了，回家后把这件事告诉了爸爸，埋怨月月不等她。

爸爸说："宝贝，你们约定了时间，但你却没按时到，让月月等了很久，这是在浪费她的时间。"珊珊听了爸爸的话，不好意思地低下了头，明白了迟到是不礼貌的行为，决定向月月道歉。

蒙氏解析

分不清主次

就像事例中的珊珊一样，本来月月已经提醒她了，可是她因为要选衣服错过了约定的事情，在她的观念中，认为穿得漂亮比准时赴约还要重要。

不考虑他人感受

很多孩子被惯成了家里的“小皇帝”，总是以自我为中心，觉得迟到几分钟，让别人等自己这件事根本没有什么，甚至觉得别人等自己是理所应当的，因为爸爸妈妈从来不催促自己。当他有了朋友之后，就会觉得让朋友等是应该的，根本不需要感到愧疚，也想不到考虑朋友的感受，想不到朋友会不开心。

有的孩子认为与人约定，如果自己早早到约定地点，也没什么事情可做，只能等着，那还不如晚一点到，让别人等自己。

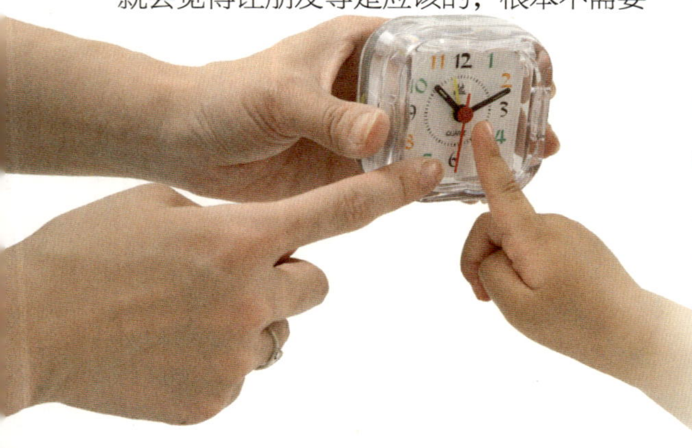

生活在无序的家庭环境中

孩子的爸爸妈妈是很随意的人，和别人约定上午见面，结果到了下午才出门，孩子潜移默化地也养成了不遵守约定、随意拖沓的习惯。

时间规划不合理

可能一些孩子由于时间观念不强，对自己完成整件事需要多长时间没有准确的预估，以为自己可以很短时间完成。比如，本来需要步行 15 分钟的路程，孩子以为自己七八分钟就能走完，于是只给自己留了这么短的时间，错估了自己的行走速度。

蒙氏早教培养游戏

认识季节

适宜年龄：2~3岁　　用具准备：无

练习方法：1.家长带孩子认识春天里的花、树、燕子等。2.家长带孩子到花园里大树下，听蝉的叫声，并告诉孩子，只有夏天才能听到蝉的叫声。3.家长告诉孩子秋天会有菊花，还有成熟的庄稼。4.家长带孩子去滚雪球、堆雪人，观察冬天景色的变化。5.通过游戏让孩子认识四季的变化，同时体会时间流逝，学会珍惜时间。

一起去野餐

适宜年龄：2岁以上　　用具准备：野餐食物，野餐布

练习方法：1.野餐时让孩子帮忙把野餐布铺好，把野餐食物摆放好。2.一边野餐，一边欣赏周围的美景，互相交流心里的想法。父母鼓励孩子把自己真实的想法讲出来。3.只有了解了孩子的真实想法，才能够将他向正确的方向引导。比如，孩子觉得自己是中心，其他人都应该听自己的，父母可以引导孩子换位思考。

与时间赛跑

适宜年龄：3~5岁

用具准备：计时器，乒乓球，马克笔，篮子

练习方法：1.家长用马克笔在球上写下任务，比如，穿衣服、刷牙等，放入篮子中。2.让孩子从篮子里抽取一个球，用计时器设定倒计时，根据球上的任务，让孩子在规定时间内完成穿衣或刷牙任务，如果孩子做到了，要给予鼓励。3.通过游戏让孩子感受时间的紧迫性和规定时间内完成任务的重要性。

玩一些关于守时的游戏，能够让孩子体会到时间的宝贵和重要。

迎接守时挑战

适宜年龄：3~6 岁　　用具准备：无

练习方法： 1. 家长和孩子一起来接受一个挑战，就是在两个星期内按照特定时间表作息，比如，早上 7 点起床洗漱、8 点吃早饭、8 点半出发去幼儿园等。2. 家长需要将孩子的进度记录下来，看一看他是否按时完成了任务。3. 如果完成了，为孩子准备一份惊喜，比如，陪孩子去一趟他想去的游乐园；如果未完成，可以与孩子一起分析原因，帮助他更好地完成下一次挑战任务。4. 此游戏能够让孩子意识到时间的重要性，并帮助孩子养成守时的好习惯。

老狼老狼几点了

适宜年龄：3 岁以上　　用具准备：无

练习方法： 1. 划定一条分界线，孩子站在线后面，爸爸当“老狼”，站在线前面。2. 游戏开始，孩子与“老狼”一起往前走，并问：“老狼老狼几点了？”“老狼”回答说：“1 点了。”然后孩子又问：“老狼老狼几点了？”老狼回答说：“2 点了。”继续下去，直到“老狼”回答“12 点了”时，孩子立刻向横线跑，“老狼”转身追捕，宝宝要在被“抓到”前跑回横线后面。3. 此游戏可以培养孩子的时间意识，锻炼反应速度。

宴会计划

适宜年龄：4 岁以上　　用具准备：无

练习方法： 1. 组织一次主题是“请小朋友来家做客”的家庭会议。2. 让孩子做小主人，提出一个具体的招待计划，比如，和小伙伴约定几点在家集合、需要几点起床洗漱、准备哪几种水果、要做什么游戏、花费多长时间等，一一列出，父母待孩子说完后帮他修正不合理处。3. 讨论结束后，和孩子一起列出最终计划，在过程中看一看孩子是否按照计划进行。

你指我走

适宜年龄：4 岁以上　　用具准备：纸箱，手表

练习方法： 1. 在地上画两条直线，在两条直线之间散乱地放几个小纸箱。2. 蒙上一个孩子的眼睛，另外一个孩子给他指路，提示向前走、向左转、向右转等。3. 被蒙上眼睛的孩子根据指示前进，直到走到对面的直线为止。两人交换角色后继续游戏。4. 父母给孩子计时，帮孩子分析这一次为什么用的时间短或者长。

计时拼图

适宜年龄：4 岁以上　　用具准备：计时器，拼图

练习方法： 1. 先让孩子看一下拼图，然后将拼图打乱，规定 5 分钟内重新组合拼图。2. 孩子第一次拼时难免慌乱，父母一定要及时给予鼓励，增强孩子信心，并一起总结慢的原因。当孩子尝试第二次有进步时，父母也需要给予鼓励。3. 注意刚开始拼时，拼图应当简单一点，可以是 10 块左右的简单拼图，当孩子熟练后，可逐步增加块数，同时缩短拼图时间。

父母可以这样做

一些孩子习惯以自我为中心，和朋友约好时间，却不能按时赴约，而且认为朋友就应该等自己。这样的行为既影响自己的信誉，也会耽误伙伴的时间。那么怎样才能够让孩子更准时地赴约呢？父母可以通过对孩子行为的修正、观念的引导来纠正，让孩子明白迟到是不好的。

让孩子明白守时是一种美德

守时是一种美德。懂得珍惜自己时间的人，可以让自己无论做什么事都能够轻松、游刃有余地应对，不会慌慌张张、总是迟到；懂得珍惜他人时间的人，则能够获得别人的尊重、认同和信任，利于孩子长大以后更好地适应社会。

孩子比较喜欢听故事，因此，父母可以通过为孩子讲一些关于守时的故事，让他明白守时是一种美德，比如，康德守时的故事。

调动孩子的执行力

调动孩子的执行力其实并不是很困难，家长可以找到孩子感兴趣的点，然后再让孩子从兴趣中学会时间管理。调动孩子兴趣的方式有很多，比如，如果孩子喜欢贴纸，家长可以通过贴贴纸的形式将计划一项项列出来，在孩子按时完成后，将他喜欢的图案贴到单独的列表中。

减少催促次数

孩子做事情有自己的节奏，心急的家长看到孩子慢悠悠地做事，就忍不住想要催促他，想要让他动作快一点。但家长的催促会在无形中打破孩子的内心秩序，让孩子感到烦躁不安，需要花更多时间恢复秩序，还可能产生逆反情绪。家长时时催、事事催，还会让孩子产生依赖，造成时间观念弱。孩子一旦离开父母，就会跟不上集体节奏，导致更大的麻烦。

家长可以在孩子无所事事时适当提醒，当孩子知道接下来该做什么事后，让他自己处理。如果孩子迟到了，家长只要提出简单建议即可，让孩子自己去调整、安排时间。

父母不要这样做  经常迟到、不遵守与他人的约定 ✗ 不提前规划，出门时手忙脚乱

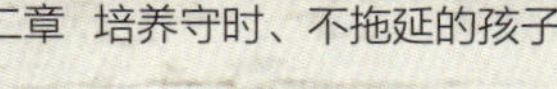

培养守时好习惯

诚实守信可以有很多表现方式，守时是其中很重要的一点，这是诚信的基本要求，家长应从具体的行动中逐步培养孩子守时的好习惯。

提前做准备，准时出发

当孩子和别人约定在某个时间去做某件事的时候，父母可以引导孩子提前做好准备。比如，可以提前 10 分钟做好准备工作，到了约定时间就采取行动，这样就不会迟到了。

为突发事件预留时间

如果去的地点需要乘坐交通工具，可能会在路上遇到突发事件，比如，堵车、交通管制等，因此，可以提醒孩子提前一些出发，即便遇到突发情况，也有时间应对。

给孩子买个手表，将模糊时间变“有形”

很多时候，孩子浪费了时间，自己还察觉不到，因为他不能理解“上午到”“午饭后集合”等模糊的时间概念。因此，可以给孩子一个手表，让他对时间的感知变成“有形”的。

父母要保持步调一致

爸爸和妈妈在面对孩子迟到时的态度应保持一致，那就是要遵守与朋友的约定，不能迟到。千万不要一个人立规矩，另一个人打破规矩。比如，孩子平时是妈妈带，这天，孩子因为选衣服而错过了与朋友的约定时间，妈妈在给孩子讲道理，可能语气严厉了些。长期因为工作忙不在家的爸爸，看到孩子委屈的样子，心疼地赶紧说：“没关系的，这有什么大不了的，我开车送就好啦！”这种行为，不仅会让孩子形成不守时的习惯,还会引起家庭矛盾。

做雷厉风行的父母

父母是孩子的第一任老师，是孩子最初成长阶段模仿和学习的主要对象，因此，父母在日常生活中要养成守时、惜时的习惯。平时面对工作时也要拿出守时、做事有条不紊的作风，这样在教育和引导孩子时，孩子才会信服。

✗ 纵容、宠溺孩子，不守时也觉得没什么大不了

✗ 快迟到了，孩子着急，父母却不急

每天吃饭要 1 小时

华华爱唱、爱跳、爱笑，就是不爱吃饭，且吃饭太拖拉，让家长烦心。

为了让华华吃饭，妈妈总是想尽办法给她做好吃的。可是华华却无动于衷，她正忙着给芭比娃娃梳头发，对桌上的饭菜视而不见。妈妈说："快来吃，宝贝，不然饭菜都凉了。"华华说："妈妈，我不想吃。"爸爸听到生气地说："不想吃也要吃。"华华吃得特别慢，爸爸看到她这样，生气地离开了。华华看到爸爸离开后，被旁边的玩具吸引了注意力，又去玩了。

妈妈看到她这样，真不知道该拿她怎么办才好。

蒙氏解析

饭菜不合胃口

有的时候，孩子不想吃饭，可能是因为饭菜不合胃口。因此，想让孩子爱上吃饭，可能需要家长苦练一下厨艺了。饭菜色、香、味俱全，孩子就无暇做其他事情了。另外，可能是孩子使用筷子不熟练，导致吃饭慢。

注意力被转移

很多孩子事情做到一半，注意力就被转移走了，可能是没见过的物品，也可能是电视、游戏、书等，致使事情完成得很慢，甚至有时候没办法继续进行下去。这种情况，父母应该有意识地创造良好的用餐环境，减少周边可以分散注意力的因素。

对事情不感兴趣

父母可能遇到过，该睡觉了、该洗澡了、该吃饭了，但是催了好几次，孩子还是磨蹭着不肯执行。孩子的控制能力和规划能力都比较弱，孩子的心思全在自己感兴趣的事情上，对于不感兴趣的事情，往往是能拖就拖。

家长定位错误

孩子的思维和执行能力与大人是不同的，如果错误地预估孩子的能力，把孩子本身需要十分钟才能完成的事情预估为五分钟，就很容易因为错误预估，认为孩子做事磨蹭。

孩子容易出现磨蹭的情况

吃饭玩食物，不仅吃饭慢还容易掉饭渣；穿衣服很慢；写作业不专心，容易出现一边玩一边写的情况；收拾物品时，一旦看到新事物，很容易分心。

蒙氏早教培养游戏

时钟嘀嗒响

适宜年龄：1~2 岁　　用具准备：闹钟

练习方法： 1. 给孩子准备一个外形可爱的、会在整点发出美妙声音的闹钟。2. 让孩子靠坐在沙发上，把闹钟放在孩子手中，家长对孩子念儿歌：小闹钟，真能干，嘀嗒、嘀嗒爱唱歌。3. 当闹钟快走到整点时，家长需要提醒聚精会神玩闹钟的孩子："闹钟会唱歌，告诉你几点了、该吃饭了、该睡觉了。"整点响起时孩子会觉得有趣。

我有餐具了

适宜年龄：1 岁以上

用具准备：适宜宝宝使用的餐具、桌椅、围兜等

练习放： 1. 家长为孩子准备好餐桌上必需的餐具和合适的桌椅，比如，适合孩子高度的椅子，带可爱图案的围兜等。2. 每次吃饭时家长可以说"宝宝，椅子上的小猫等你坐上去呢"或"勺子上的小鱼想和你一起吃饭"。3. 家长可以在餐厅里摆上一些鲜花，餐桌上铺上温馨的带动物图案的桌布，播放轻柔舒缓的音乐，这样做有助于孩子愉快地用餐。

和孩子一起吃

适宜年龄：2 岁以上

用具准备：适宜宝宝使用的餐具、椅子、饭菜等

练习方法： 1. 和孩子一起吃饭，需要以适合孩子的节奏行动，否则孩子会找不到具体可以模仿学习的动作，也会强迫自己匆匆吃饭。2. 家长需要分解一些复杂的动作，让孩子看清楚每一步：怎样落座、怎样从椅子上站起来，怎样取放东西并很得体地递给别人，怎样不出声响地使用餐具。3. 另外不要让孩子边吃饭边玩或看电视，这会影响消化，同时失去一家人吃饭的乐趣。

穿项链

适合年龄：2 岁以上

用具准备：4 个带孔的珠子，2 根绳子

练习方法：1. 父母让孩子观察珠子并注意到中间的孔，告诉孩子自己要做一串项链送给他。2. 父母右手拿绳，左手拿起一颗珠子，将绳子从孔中穿出，右手接过绳头将珠子穿在绳子上。让孩子看清楚动作，穿出一串项链，给孩子试戴一下，激发孩子动手的兴趣。3 父母鼓励孩子自己动手穿项链，孩子完成时，帮助孩子系好绳结。可与孩子进行穿项链比赛。4. 在游戏过程中，父母需注意安全，不要让孩子将珠子放进嘴里。

多彩果蔬汁

适宜年龄：2 岁以上

用具准备：果蔬若干，玻璃杯

练习方法：1. 父母把不同颜色的果蔬打成汁，比如，柚子汁、西瓜汁等。2. 先让孩子品尝，说出它们的味道，比如，柚子汁酸甜中有一点苦味，西瓜汁是甜的。3. 把果蔬汁分别放在小玻璃杯里，让孩子将两三种果蔬汁混合在一起，观察它自然的分层现象，尝试哪些果蔬汁混合味道最好。4. 让孩子为果蔬汁起名字，比如，粉色回忆、金色阳光等。5. 新鲜的果蔬汁要尽快喝掉，时间久了会变质，喝了对身体有害。

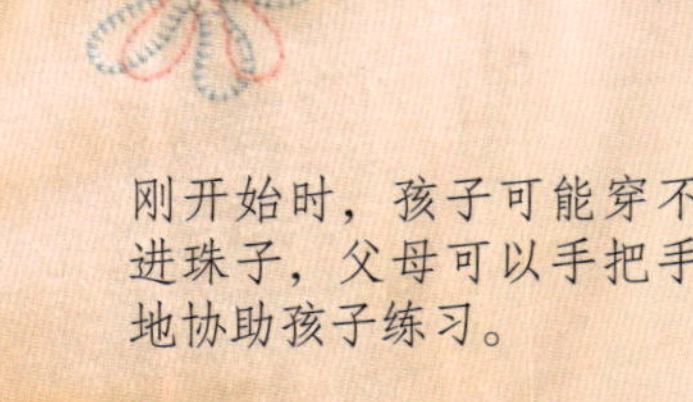

刚开始时，孩子可能穿不进珠子，父母可以手把手地协助孩子练习。

找不同

适宜年龄：2 岁以上　　用具准备：“找不同”画册

练习方法：1. 给孩子准备一本“找不同”的画册。找差别是训练观察力、专注力的好方法。2. 根据孩子的不同年龄安排不同难度的游戏，一般 2~3 岁的孩子能寻找出两处不同，3~4 岁的孩子能寻找出三处不同，4 岁以上的孩子能寻找出五处不同。3. 在孩子寻找的过程中，爸爸或妈妈可故意制造一些干扰声音，同时提醒孩子要忽视这些干扰。

小筷子，夹海绵

适宜年龄：3~6 岁　　用具准备：筷子，小碗，海绵

练习方法：1. 准备一双筷子，两个小碗，几块剪成小块的海绵。2. 父母示范拿筷子，教孩子正确地用拇指、食指、中指三指配合使用筷子的方法，鼓励孩子模仿。3. 把海绵放入一个碗中，另一个碗放在旁边，让孩子把碗中的海绵夹到另一个碗中。4. 拉大两个碗之间的距离，或者换一些比较难夹的物体（锡纸、糖果、豆子等），反复练习，会让孩子夹得越来越熟练。

米饭变米老鼠

适合年龄：3~6 岁

用具准备：米老鼠餐具，炒饭，香菇，杏鲍菇，番茄，葡萄

练习方法：1. 让孩子洗干净手，自己来做“米老鼠”。2. 将米饭炒好凉温后，让宝宝将炒饭盛入米老鼠餐具中并拨平，用杏鲍菇做出两个耳朵和两只眼睛，用香菇做嘴巴。3. 或者摊一个圆圆的煎蛋做米老鼠的脸，切两片番茄做米老鼠的耳朵，两颗葡萄做米老鼠的眼睛，香菇做米老鼠的嘴巴。4. 新颖的造型更容易激发孩子进餐的兴趣，做好“米老鼠”米饭后，请孩子尝一尝。

父母可以这样做

良好的饮食习惯对孩子的发育很重要。但是孩子容易被玩具、游戏等外界干扰吸引注意力，导致边吃边玩，吃饭不积极。喜欢吃零食不吃正餐会导致孩子营养不良，进而影响正常发育。

准时吃饭，没吃饭不允许吃零食

父母可以规定每天吃饭的时间，比如，早饭7点到7点半吃，午饭12点到12点半吃，晚饭6点到6点半吃。吃饭时间一到，全家人一起坐到饭桌前吃饭，而且规定孩子必须在半个小时内吃完。吃饭期间，尽量少说话，父母也不要给孩子喂饭。如果孩子不好好吃饭，过了吃饭的时间，即使他肚子饿了，家长也不要给他零食吃。时间长了，孩子就会养成好好吃饭的习惯。

让孩子参与做饭，调动吃饭的积极性

如果孩子对家长做的饭不感兴趣，家长可以让孩子参与做饭。比如，让孩子陪着自己去超市买肉、菜，帮忙提水果，等等。父母也可以教孩子做一些简单的菜，比如，沙拉、凉菜等。孩子参与做饭，会有一定的自豪感和成就感，进而爱上吃饭。

让孩子真正感到饥饿，以增加食欲

家长用命令、恐吓、打骂的方式逼迫孩子吃饭，效果通常不佳。家长可以增加孩子的运动量，促进消化，让孩子真正地感到饥饿。等到吃饭时间，孩子自然有食欲，会主动到餐桌旁好好地吃饭。

给孩子吃的食物要容易消化，比如，把饭菜煮得软烂些，适当减少高蛋白质类的饮食（鸡蛋、瘦肉、鱼肉、豆制品等）。

此外，还可以以肚脐为中心给孩子进行按摩，促进他的消化。

父母不要这样做

✗ 指责孩子做事慢，却不帮孩子找出慢的原因和解决方式

✗ 饭前训斥孩子

提高孩子做事效率的小技巧

规定时间

孩子学习、玩耍、看电视、吃东西……父母都可以给孩子固定一个合理的时间，要求孩子在规定的时间内完成，比如，吃饭时间、看电视时间应在30分钟以内。

制订计划

等孩子稍微大点后，在做一件事情前，父母要教孩子制订计划，让孩子养成做事有规则、有计划的良好习惯。

分清主次

干一件比较复杂的事情时，父母要引导孩子分清主次，先完成主要的，再完成次要的。如果孩子还小，父母可以先替孩子安排做事的先后顺序，时间长了，孩子会在潜移默化中学会如何将事情分轻重缓急地安排好，然后有条不紊地做完。

限时任务

有的事情是“硬任务”，必须在某个时间段内完成，这就需要用“倒计时”的方法安排时间了，这样能够激发孩子挑战的“斗志”，同时让孩子学会更好地管理时间。

让吃饭变得更有趣

有些孩子吃饭期间特别喜欢玩，家长可以根据孩子爱玩的特点，试着增加吃饭的趣味性。比如，为孩子准备颜色鲜亮的卡通碗筷，将饭菜做成可爱的形状，等等。这些视觉上的刺激对增进孩子食欲是有帮助的，可以让吃饭不再枯燥，更有趣味性。

此外，还可以给饭菜取各种新奇、好玩的名字，引起孩子的兴趣。

培养孩子做事时的专注力

让孩子专心注意某些事物，可以从养成观察事物的习惯做起，1.5~4岁的孩子对细微事物非常感兴趣，这是培养孩子专注地观察事物的好时机，尤其是利用生活中周围的资源进行教育，既简单又有效。如果孩子开始对地上的小蚂蚁或父母衣服上的细小图案产生兴趣，就要开始抓紧培养他的专注力了。

✗ 看到孩子做事慢，直接代替孩子做完　✗ 一直监督孩子吃饭，不给任何自由的空间

第三章 用孩子易接受的方式定规矩

无规矩不成方圆，为孩子定规矩，并让他遵守规矩，能够让孩子更好地与他人相处，也能够让孩子在未来更好地适应社会规则。但每一位孩子天性都是自由、奔放的，定规矩不难，难的是如何让宝宝更好地接受与遵守规则。本章就这个问题给出解决方案，让爸爸妈妈不再发愁怎么做才能让孩子更易接受。

孩子怎么开始说脏话了

最近，丁丁突然学会了一个骂人的词汇，每次当他脆生生地骂人时，全家人都乱作了一团：奶奶摇头，爷爷跺脚，妈妈高声叫起来，爸爸举起手要打丁丁的屁股……

尽管大家用尽了办法，丁丁仍然乐此不疲地骂人，不分场合、不分地点，让丁丁的家人觉得在大家面前很尴尬。为什么让丁丁做个有教养的孩子就这么难呢？

蒙氏解析

单纯的模仿

孩子还很小，并没有是非观念，看到什么就模仿什么。此时，看到周围或电视上有人说了脏话，孩子就会模仿，但他并不知道说的话是什么意思。

察觉到语言的力量

随着年龄的增长，孩子很快发现一句话能表达一个意思，尤其是一些强烈的词汇，还能够引起大人的注意，让他们紧张。而这些让孩子察觉到了语言的力量，并以此为乐，甚至通过使用这些词汇来获得心理方面的优势。很显然，事例中的丁丁就是这种情况，他完全沉醉在探索语言力量的快乐中。此时的丁丁，更像是一位小“导演”，通过他的把控，导演出一幕幕家庭闹剧，也感受到了语言的力量。

表达自己的情绪

在这个阶段，孩子喜欢用语言表达自己的情绪，并乐此不疲，丝毫没有“脏”或者“不雅”的感觉，这只是他学习语言、交流的一个过程，并不是像大人一样，故意侮辱别人并发泄仇恨。

进入了诅咒语言敏感期

随着孩子语言能力的提升，他进入了语言敏感期的新阶段——诅咒语言敏感期，指的是儿童在学习语言的初期（一般3岁左右），在接触到一些脏话或者带有诅咒的话后，喜欢不分场合地使用。

蒙氏早教培养游戏

“谢谢”和“再见”

适宜年龄：0~1 岁　　用具准备：玩具或食物

练习方法： 1. 爸爸给孩子玩具或食物时，妈妈在一旁要教孩子说“谢谢”，并向孩子示范用点头或鞠躬的动作来表示“谢谢”。2. 爸爸妈妈在上班出发前要对孩子挥手，并说“再见”，让孩子明白挥手表示“再见”。3. 当家里有人出门，一面挥动孩子的小手，一面说“再见”，向要走的人表示“再见”。4. 逐步练习，使孩子一听到“谢谢”就鞠躬或点头，一听到“再见”就挥手。

礼貌歌

适宜年龄：6 个月以上　　用具准备：无

练习方法： 1. 妈妈把宝宝抱在怀里，握住宝宝的双手，教宝宝练习拍手，并配合语言：欢迎！欢迎！ 2. 反复进行刺激，直到宝宝掌握。3. 再挥动宝宝的右臂，并配合语言：再见！再见！ 4. 家长可以配合一首儿歌来练习：

客人来了我欢迎，拍拍手儿真高兴。
客人走了挥挥手，下次再来行不行。

说句悄悄话

适宜年龄：2~5 岁　　用具准备：无

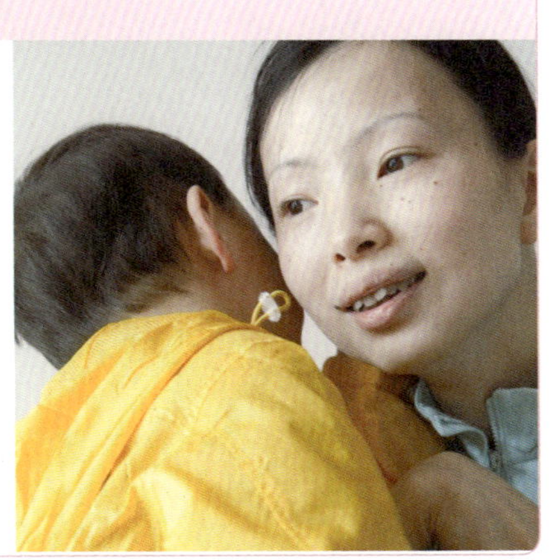

练习方法： 1. 妈妈把嘴凑到孩子耳边，悄悄地对孩子说一句话。2. 这句话可以是“宝宝，你做得真棒，妈妈好爱你”，也可以是“怎么办呢？你今天没有和阿姨打招呼，妈妈觉得你没有礼貌，有点难过呢”。3. 孩子知道父母的情绪之后，通常会想一想，然后说出自己的想法。4. 孩子对这种亲密的互动总是很感兴趣，平时忽视的细节也会在妈妈说完后仔细思考。

为妞妞过生日

适宜年龄：2~3 岁

用具准备：各种蔬菜、水果模型，布娃娃一个

练习方法： 1. 为布娃娃妞妞建造一个家。2. 家长告诉孩子："今天是妞妞的生日，妞妞最爱吃水果和蔬菜，宝宝为妞妞准备礼物去给它过生日吧。" 3. 当孩子拿着水果、蔬菜到妞妞家时，家长要让孩子对妞妞说："生日快乐！" 并告诉妞妞拿的是什么礼物。4. 之后家长要教给孩子一些简单的礼貌用语及做客礼仪，为孩子与他人交流做准备。

与玩具对话

适宜年龄：3 岁以上

用具准备：玩偶或者毛绒玩具

练习方法： 1. 妈妈手中拿一只玩偶面向孩子，一边用玩偶做出打招呼的姿势，一边模仿玩偶自我介绍："大家好，我是小猴。我喜欢美景、美食和健美操，我最好的朋友是小兔。对面的小朋友，你是谁呀？" 2. 鼓励孩子自我介绍，也可以提示孩子按照以下顺序介绍：姓名、年龄、爱好、期望等。3. 换上另外的玩偶，让孩子尝试有条理、有顺序地重复练习。4. 这个提高语言表达和社会性的游戏也可以和其他小朋友一起玩，或在家里来客人时鼓励孩子做自我介绍。

从小开始让孩子多交流、多说话，能够提升语言储备量与表达能力。

为孩子朗读

适宜年龄：3 岁以上　　用具准备：儿童读物

练习方法： 1. 家长为孩子选择简单易读、色彩鲜明的图画故事读本，给孩子读故事，在刺激孩子视觉发展的同时，让孩子体会语言的美妙动听。2. 家长朗读时要富有感情，有韵律感，让孩子被朗读声吸引，如果一本书重复讲了很长一段时间，也可以鼓励孩子参与朗读。3. 别忘了时不时地和孩子交流一下，听听他稚嫩、有趣的表达。

学说礼貌用语

适宜年龄：3 岁以上　　用具准备：无

练习方法： 1. 家长和孩子外出遇到熟悉的人时，要教孩子主动打招呼，并向他们问好。见面时说“你好”，分别时说“再见”，等等。2. 打招呼时教孩子使用不同的礼貌称呼，比如，“叔叔”“阿姨”“奶奶”等。3. 教孩子朗诵儿歌：

早上起床精神好，背上书包上学校。
见了老师行个礼，见了同学问声好。
客人来了鞠个躬，见到长辈问声好。
欢欢喜喜进学校，大家夸我有礼貌。

讲错故事，让孩子来纠正

适宜年龄：4 岁以上　　用具准备：故事书

练习方法： 1. 妈妈在给孩子讲过一段故事之后，开始不依照书上讲，而是自己改编故事，比如，《狼来了》的故事，妈妈可以将故事改编为小孩在第一次撒谎时还说了脏话，被大灰狼吃掉了。2. 故事讲完后，妈妈看孩子能否找到错误，如果孩子找到了错误，就引导他用清晰、连贯的语言表述。3. 如果孩子能清楚地表述故事的内容，妈妈要及时表扬孩子，以增强孩子表达的自信心。

父母可以这样做

很多家长都遇到过类似的问题，想不通为何孩子突然开始骂人。不知道该怎么办，觉得回应也不是，不回应也不是。当家长遇到这种情况时，处理的方式很重要，如果做对了，不仅能够让孩子不再说脏话，还有助于其语言的发展和心理的成长。此时，需要家长分清情况，准确应对。

冷处理无意识模仿出的脏话

孩子根本不知道自己说的是什么，只是受到外界的影响产生的模仿行为而已。这种情况通常发生在孩子比较小、刚学会说话的时候，此时说脏话是一种不带任何情绪和攻击意图的行为，家长不要给孩子贴上“恶劣”的标签。

家长此时要忍住想要教育孩子的心情，就当没听到，甚至连个表情都不要给他。同时，要隔绝有脏话的环境和来源，比如，与爱说脏话的大人尽量少接触等。

父母做好不说脏话的榜样

孩子说脏话是一个效仿的过程，他的任何语言都是从外界学过来的，当孩子开始说一些伤人的话时，家长需要想一想是不是自己日常生活中会说一些伤人的话呢？因此，父母在生活中需要注意自己的言行举止，说文明、规范、准确、富有美感的语言，并让孩子练习礼貌用语，为日后和他人愉快的交流做准备。

知道脏话不好还故意说，要关注孩子情绪

这种情况发生在年龄偏大一点的孩子身上多一些，而且通常是在孩子特别生气的情况下发生的。此时，家长应当关注孩子行为背后未被正确疏导的情绪。

孩子已经明白说脏话不好，但还是说了，说明他心里一定是积攒了很多负面情绪。家长需要帮助孩子正确地疏导情绪，找到导致负面情绪产生的原因，比如，和其他小朋友闹情绪、学习压力大、经常被父母忽视等。同时帮孩子找到正确的发泄方式，比如，做运动、找个僻静的地方喊一喊等。

父母不要这样做  对宝宝伤人话语反应过激　无视孩子的情绪变化　特别严厉的惩罚

故意说但不懂脏话，引导其找到正确表达方式

当孩子在遇到输了比赛、被欺负了等情况，有了负面情绪时，用脏话来表达自己的情绪，或者当孩子想引起别人注意时说脏话，此时孩子并没有真正地理解脏话的含义，只是在用“脏话”来表达自己的感受。

当孩子有负面情绪时，家长可以先按兵不动，陪在孩子身边，不可一上来就斥责孩子，这样只会激化矛盾。当孩子稍微冷静时，教给孩子表达情绪的正确方式，比如，可以大声地说：“我很生气，不要和你玩了。”

当孩子想引起关注的时候，家长应当冷处理，当孩子冷静之后，再告诉他用这种方式引起家长的注意是不对的。如果想获得爸爸妈妈的关注，应当用言语将自己的需求准确地表达出来，比如，“我想让妈妈和我一起做游戏”“爸爸，我想让你和我一起去踢足球”，等等。与此同时，家长也要在孩子正确表达后给予积极的回应，不能敷衍了事，以免伤了孩子的心，让他觉得即便自己好好说也没用。

父母学会接纳和理解

孩子说脏话也要分情况处理，不要一概而论，随着孩子年龄的增长，孩子可能已经明白了说脏话是不对的，但还是说了。虽然说了，但他可能是因为情绪失控。

如果孩子只是偶尔在情绪特别激动的情况下骂人，家长也要学着理解和接纳，但等到孩子冷静下来之后，一定要告诉他骂人的行为是不正确的，并尝试和孩子一起找到正确的处理方法。

环境隔离法

如果说脏话是因为与喜欢说脏话的小朋友一起玩，可以采取环境隔离法，即不让孩子和说脏话的孩子一起玩。当然这种效果只是暂时管用，最终，还是需要让孩子明白说脏话是一种坏习惯，是需要改正的。

✗ 大发雷霆，粗暴制止孩子说脏话 ✗ 哀求宝宝不要说脏话 ✗ 家长过度压抑孩子的情绪

让孩子帮忙做家务就生气

纯纯是家里的独生子，家长都很宠爱他，什么事情都有家人替他做。上幼儿园后同样如此，纯纯什么事情都需要老师帮忙，上厕所、吃饭等，如果老师不帮忙就会尿裤子、不吃饭。妈妈想：这样可不行，一定得培养他的独立意识。于是，这天妈妈让纯纯帮忙擦桌子，纯纯听了不但没有做，还对着妈妈发脾气，说："我在幼儿园就让我自己做，回家还要我做，真烦！"妈妈听了，意识到这不光是孩子的错，自己也有错，什么都替他做其实对孩子成长是不利的。

蒙氏解析

觉得做家务不是自己的责任

在一些家庭里，妈妈总是什么事情都自己做，从来不让老公和孩子动手。爸爸也说家务活就应该是妈妈做。在这种的环境中成长，孩子自然会觉得家务活不是自己的责任，是妈妈的责任，与自己无关。

觉得自己做不了家务

在孩子小时候，家务活总是家长做，当家长意识到孩子已经长大，可以帮忙时，孩子会因为从没有做过这件事而没有自信，觉得自己没有能力胜任，内心产生挫败感，并因此发脾气。

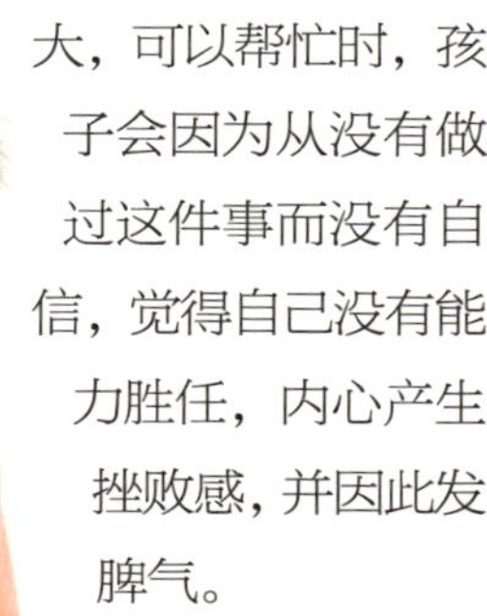

做家务的益处

- 培养动手能力与独立性。孩子可以在做家务的过程中学习到一些劳动技能，养成热爱劳动的好习惯，这样可以培养孩子的动手能力、时间观念，也有利于将来独立性的培养，提高其自理能力。

- 增进亲子感情。孩子和家长一起做家务，不仅让孩子获得其参与感及成就感，而且在完成家务的过程中，家长将会有更多时间与孩子相处，增进亲子感情，孩子也能够从中体会家长做家务的辛苦。

- 促进身心发展。孩子可在劳动实践过程中培养责任心和吃苦耐劳的品质，建立责任心。同时在做家务的过程中，可以纠正娇生惯养的毛病，形成独立、自主、自信等良好品质，促进孩子身心和谐发展。

蒙氏早教培养游戏

过家家

适合年龄：1~2 岁

用具准备：玩具娃娃

练习方法： 1. 家长和孩子一起玩过家家，让孩子自己选择角色，可以是“爸爸”“妈妈”或“弟弟”“妹妹”。2. 游戏的内容可以是买菜、煮饭、照顾娃娃等。3. 孩子通常扮演“妈妈”，用玩具娃娃做“孩子”，家长可以鼓励他给自己的“孩子”喂饭、哄他睡觉，加深孩子对妈妈照顾孩子工作内容的认知和理解。

拔萝卜、洗萝卜

适合年龄：2 岁以上

用具准备：一盆干净的沙土，几根小萝卜

练习方法： 1. 把萝卜插入沙土中，引导孩子观察萝卜缨子，问：“这是什么呀？”2. 给孩子示范拔出一个萝卜，然后告诉孩子：“这是萝卜，你也拔一个看看吧！”3. 帮助孩子抓住萝卜缨子，拔出萝卜，并给予夸奖和鼓励。4. 让孩子把萝卜拿到水池旁洗干净后吃掉，感受劳动的乐趣。

给娃娃穿衣服

适宜年龄：2~3 岁

用具准备：一个大娃娃，衣服和装饰物

练习方法： 1. 妈妈给孩子买一个可以穿脱衣服的娃娃，让孩子帮娃娃脱掉衣服，换一件宽松的衣服准备睡觉。2. 让孩子挑选自己喜欢的衣服给娃娃穿上。然后，妈妈和孩子一起讨论：这样的搭配好不好，如果换个搭配效果怎么样。

让孩子一起参与布置房间，他会很开心。

让孩子布置房间

适宜年龄：3 岁以上
用具准备：布置房间所需要的物品

练习方法： 1. 妈妈和孩子一起筹划一个房间设计方案，为孩子的房间做布置。2. 妈妈要鼓励孩子提出自己的建议并对他说："这件事你自己做主，妈妈相信你一定会做好的。" 3. 孩子布置好房间后，如果可行，妈妈要称赞孩子；如果不可行，妈妈也要以平等的语气与孩子沟通、商量。在活动过程中尽量尊重孩子的想法，按孩子的想法布置。4. 家长帮助孩子排除潜在的危险因素，比如尖锐的棱角、容易绊倒的地方等。

谢谢你

适合年龄：3~6 岁
用具准备：肥皂，毛巾

练习方法： 1. 和孩子一起洗衣服。2. 对孩子说："请你帮我拿一下肥皂。"等孩子把肥皂递给你，大声地说："谢谢你！宝贝！" 3. 对孩子说："请你把那条脏毛巾递给我。"得到孩子帮助后，大声说："谢谢你！" 4. 衣服洗完后，对孩子说："我帮你把衣服洗干净了，你要说什么？"孩子会很高兴地回答："谢谢你！"在孩子说完谢谢后，给他一个拥抱作为奖励。

小小洗车房

适宜年龄：4 岁以上

用具准备：防水围裙，玩具车，温热肥皂水，海绵，抹布

练习方法： 1.“洗车房”开业啦，家长鼓励孩子动手把玩具车洗干净。2. 先把玩具车身润湿，打上肥皂水，用海绵打出泡沫，清理玩具车，再用清水冲干净泡沫，最后用干抹布将车擦干。3. 清洗干净后，将工具收拾好，整齐地放回原处，让孩子在游戏中感受到劳动的乐趣。

我会帮妈妈扫地啦

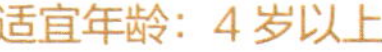

适宜年龄：4 岁以上

用具准备：一把扫帚和一个簸箕

练习方法： 1. 妈妈边示范、边讲解，让孩子一步一步跟着做。2. 从屋子的一角向屋子的中央扫，将一个角的垃圾逐渐扫向中央；接下来，再将其他三个角的垃圾清扫干净，统一堆在屋子的中央；用簸箕将垃圾收干净。3. 将扫帚、簸箕放回原来的地方。4. 孩子帮助妈妈做家务，开始兴趣会很大，新鲜劲儿过去后，孩子可能就不愿意做了，通过游戏、鼓励等方式来引导他做一个热爱劳动的好孩子。

和妈妈分衣服

适合年龄：4 岁以上

用具准备：父母和孩子常穿的衣服

练习方法： 1. 妈妈将衣服放在床上，让孩子认识属于自己的衣服。2. 妈妈每拿起一件衣服，试着让孩子回答，“这是妈妈的衣服”“这是爸爸的衣服”“这是我的衣服”。3. 孩子回答正确之后，妈妈要表扬孩子，并和孩子一起把衣服放好。

父母可以这样做

在教育孩子做家务的过程当中，正确的引导、教育方式是非常重要的。如果家长和孩子都感觉到痛苦、艰难、伤心，那么很可能是因为教育的方式用错了。下面介绍几种比较有效的教育方法，也许孩子能从此喜欢上做家务，同时，还能够培养孩子的责任心、自信心和独立性。

要有充分的耐心

孩子热心参与家务，一开始免不了越帮越忙，比如，盛饭洒了一地、拖地后比拖地前还脏、洗菜洒了一地水，等等。家长一定要学会容忍这些“混乱”，并耐心地将每项家务该怎么做的方法，一步一步地教给孩子，而不是剥夺孩子做家务的权利。有的家长总认为孩子太小，不应该让他做家务事，孩子只需要吃吃喝喝、健康长大就可以了，家务事长大以后自然而然地就会了。其实不然，不让孩子做家务，其实是在一定程度上剥夺了孩子成长与学习的机会。

把握时机

孩子天生有着强烈的好奇心，看见家长扫地、擦桌子、摆弄碗筷，也会兴致勃勃地想试一试，这正是训练孩子做家务的好时机。家长应耐心地告诉他正确做家务的方法，让他在快乐氛围中不知不觉学会，甚至喜欢上做家务。

肯定孩子的努力

做家务可以让孩子感到自己是家里的一分子，还能培养他的责任心，家长要给孩子参与家务的机会，并多给予鼓励与赞美，肯定他的努力，使孩子从做家务中获得成就感和自信心。而不是孩子拖了地，妈妈却说：“这地拖得还不如不拖，下次不要再拖了。”孩子心里肯定很难受，自尊心受到伤害，再也不愿做家务了。

对于刚刚学会做家务的孩子来讲，积极地参与比结果更重要。要肯定孩子的努力，提高其积极性。

父母不要这样做

 不给孩子选择做哪种家务的机会

 一做家务就抱怨

✗ 强迫孩子做家

让孩子做力所能及的事

孩子还很小，很多家务活是无法胜任的，家长一定要让孩子做一些适合他年龄段，且在他能力范围之内的家务。如果父母让一个 3 岁的孩子收拾、打扫自己的房间，他肯定无从下手。此时，应当让他做一些简单的家务事，比如，开饭前分筷子，饭后帮忙擦桌子；父母也可以和孩子一起收拾玩具、图书等。

总而言之，就是让孩子做他力所能及的事，否则会让他产生挫败感，适得其反。

不同年龄能做的家务活

2~3 岁

丢垃圾，收拾玩具。

尝试独立刷牙。

擦桌子、擦灰尘。

选择自己要穿的衣服。

将用完的毛巾放整齐。

4~6 岁

学习叠衣服、铺床。

准备自己第二天要穿的衣服。

按颜色将要洗的衣服分类。

自己穿衣服。

收拾小书包。

把衣服挂到衣架上。

学习清洗果蔬。

给孩子选择做什么家务的机会

建议家长在让孩子做家务时，给他选择的机会，不要直接指派某一项任务，尤其是孩子不愿做的家务活，这会让孩子觉得自己失去了选择的权利，从而失去做家务的兴趣。

此时，最好为孩子提供一份他能够做的家务清单，让他自己选择其中的 1~2 项工作，这会让孩子觉得自己有选择的权利，也会更加心甘情愿去做自己选择的“工作”。

给孩子选择合适的工具

孩子和大人的身高、体重以及对工具的需求都不同。比如，孩子身高才 1 米多一点，却给了他一把大人用的扫帚，让他把地上的面包屑扫干净。孩子连扫帚都握不稳，会感到失去了掌控感，产生挫败感，自然就会对做家务产生厌恶的感觉。此时，可以给孩子买一个儿童的扫帚让他用，既能够做游戏，还能够增强信心。

✗ 在孩子玩得正高兴时，要求他马上去做家务，不做还说他不听话、不懂事 ✗ 追求完美主义

玩具玩完不收拾

东东快 4 岁了，每次玩过的玩具就随便往旁边一扔，弄得客厅、卧室随处都能看见各种玩具。

每次找不到玩具了，东东就会来问妈妈：“妈妈，我的积木到哪里去了？”“妈妈，我的小汽车在哪里呀？”妈妈只好帮他找。如果找不到的话，东东还会发脾气，妈妈心里觉得这样下去可不行。于是想了一个办法让宝宝喜欢上收拾玩具，那就是让爸爸和他搭好“花轿”，妈妈把玩具放在“花轿”上，让孩子把玩具抬回它自己的“家”。

现在玩完玩具后东东都会要求爸爸妈妈和他玩这个游戏，慢慢地形成了自己的玩具自己收拾，玩完把它们放回原位的好习惯。

蒙氏解析

父母总是帮忙收拾

看到扔得满屋子的玩具，很多父母会看不下去，忍不住帮孩子收拾，时间一长，孩子就会习惯父母的帮忙。孩子觉得自己即便不收拾，父母也会收拾的，没必要自己动手。在这种想法的驱使下，孩子就更加不愿意自己动手了，甚至觉得父母的“唠叨”也没什么。

模仿父母的行为

孩子玩完玩具之后总是随手扔得满地都是，可能是在模仿父母的行为。很多父母没有注意到自己平时生活得比较随意，回家把衣服随手一扔，手里的包想放哪里就放哪里。孩子受家长影响，觉得东西是可以随手乱放的，不用专门放到某个地方。

没有养成良好的生活习惯

有的孩子之所以会把玩完的玩具随意乱丢，是因为没有从小养成良好的生活习惯，没有建立基本的收纳意识，缺乏秩序感。孩子觉得玩具随意放在哪里都可以，也不会觉得乱、难看。

注意力转移太快

小孩子的注意力很容易被新奇的事物吸引，往往玩着这个，又被那个吸引，在频繁、快速的转换中，孩子可能会来不及收拾好玩具。对他来说，收拾玩具是一件既浪费时间、又让自己辛苦的事，还不如去干点更好玩的事。

让孩子收拾玩具可以养成爱整洁的好习惯。

蒙氏早教培养游戏

宝贝向前爬

适宜年龄：6~8 个月　　用具准备：毛毯，玩具

练习方法： 1. 在孩子前面放一个他喜欢的玩具，吸引他去追逐。2. 可以用双手贴着孩子的脚底，当孩子左手向前移动的时候推右脚，移动右手的时候推左脚，利用条件反射让孩子的四肢被动协调起来。3. 孩子趴在床上，用毛毯兜住胸腹部，爸爸把毛毯提起，妈妈推动孩子左手、右脚，前进一步后，换推动右手、左脚，轮流进行，训练孩子手膝爬行，同时锻炼孩子的意志力和耐心。

追小狗练耐心

适宜年龄：7~10 个月　　用具准备：手偶小狗

练习方法： 1. 准备一只手偶小狗，让孩子坐在地板上，在他面前逗引："我是一只小狗，想要和你做朋友！汪、汪、汪，我最喜欢吃肉！" 2. 让孩子边爬边追小狗，家长模仿小狗的叫声吸引孩子注意力，鼓励他不停向前爬行。3. 孩子爬追了一段时间之后，让他抓住小狗，作为奖励，也趁机让孩子休息一会儿。

给孩子按摩

适宜年龄：1~2 岁　　用具准备：乳液，优美音乐

练习方法： 1. 妈妈先在手上涂一些乳液，把手弄得柔滑一些，然后对孩子的全身进行按摩。2. 按摩的顺序是：脸部—脖子—肩膀—手臂—双手—胸脯—肚子—背部—屁股—腿—双脚，可以多按摩几次。3. 按摩时，可以放一段优美的音乐，妈妈边按摩，边和孩子说一些温柔的话，孩子会在舒展、放松肌肉的同时，建立良好的秩序感，并增进母子的感情。

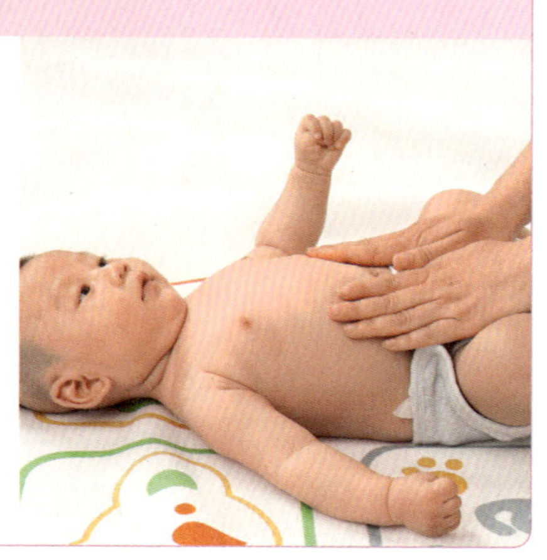

玩具要回家

适宜年龄： 2~3 岁

用具准备： 孩子的玩具若干个

练习方法： 1. 每次在孩子玩完玩具时，家长可以邀请孩子分类送玩具回到固定位置：“玩具现在要回家了，我们一起送它们回家吧！”2. 孩子自己对玩具进行分类，家长可以适当提示孩子，比如问孩子：“小汽车可以和毛绒玩具放在一起吗？”3. 在平时，家长就应该把孩子的玩具分类放在固定的位置，让孩子熟悉这些玩具及其位置。并要求孩子在玩完后送回原位，养成收纳的好习惯。

引导孩子将玩具整理放好能够提升秩序感，利于孩子以后更好地适应社会。

给玩具娃娃“洗澡”

适宜年龄： 2~4 岁

用具准备： 玩具娃娃，浴盆

练习方法： 1. 每天带孩子洗澡时，按顺序进行以下的步骤：给浴盆加水—用手感知并调试水温—脱下衣服—小心将孩子放入浴盆—洗脸—洗头发—将身体洗干净—站起身来用喷头的清水再将身体冲一遍—擦干头发和身体—穿上衣服。2. 为孩子准备一个玩具娃娃，请孩子扮演娃娃的妈妈或爸爸。3. 请孩子按照步骤为玩具娃娃洗澡，家长在一旁观察和协助。4. 这个游戏可以在卫生间进行，为玩具娃娃洗澡能强化孩子的秩序感，培养孩子有序地做事情的习惯。

让孩子帮忙收拾玩具

适宜年龄：2 岁以上
用具准备：孩子的玩具若干个，收纳筐

练习方法：1. 家长故意把玩具丢得到处都是，并以求救的口吻对孩子说：“玩具把家弄得太乱了，宝宝快来当小帮手，一起将玩具分门别类地放好吧。”2. 在家长的协助下，孩子要将玩具分类放到收纳筐中。3. 孩子在收拾整理时，家长有意识地观察孩子是否知道玩具的正确位置，可以创设求助情节，让孩子体验助人的成就感，提高孩子整理、收纳的兴趣。

给扣子分类

适宜年龄：3~5 岁
用具准备：颜色、大小、形状不同的扣子

练习方法：1. 家长向孩子解释扣子游戏玩法：家长随便选一个扣子，让孩子从一堆扣子中找出一样的扣子进行配对。2. 接着宝宝自己设计游戏规则，可以将扣子按颜色、形状进行分类，还可以排序、记数。3. 孩子练习时，家长在一旁观察，可以通过提问的方式帮助孩子提升学习经验，比如“你是按大小分的吗？”“你为什么要这么做呀？”4. 玩游戏时，家长一定要注意孩子的安全，不要让孩子吞食扣子。

冰箱贴

适宜年龄：3 岁以上　　用具准备：木质冰箱贴若干个

练习方法：1. 准备一些不同图案内容的木质冰箱贴，比如，水果、蔬菜、生活用品。2. 将冰箱贴放在一起，让孩子从中分别找出水果类、蔬菜类、生活用品类等，然后按照类别贴在冰箱上。3. 家长也可以将冰箱贴贴在冰箱上，然后让孩子将它们按照水果、蔬菜、生活用品拿取放在不同的容器里。

父母可以这样做

秩序是大自然的定律，是生命和成长的一种需求，同时也是影响一个人一生的习惯和品质。秩序感强的孩子长大后更有安全感，办事更有效率。孩子秩序感的建立离不开家人的引导和帮助。

给孩子一个收纳的流程

很多时候孩子不收拾玩具，一方面是觉得收拾起来麻烦，另一方面更可能是不会整理。所以，爸爸妈妈可以给孩子一个收纳的流程——先把占地方的玩具比如铁轨、积木等清理干净，再处理那些小玩具，当孩子知道收纳的方法后，就不会慌乱，不知如何整理了。

孩子收拾后，及时给予表扬与鼓励

孩子有时一时兴起，整理了一次玩具，很想得到家长的鼓励，但家长却没有任何表示，甚至都没发现孩子整理玩具。孩子心里会感到失望，缺乏坚持下去的动力。此时，家长的一句鼓励和表扬就是激发孩子坚持下去的动力，孩子慢慢地会越来越主动地整理玩具。

给孩子一个单独的储物空间

孩子不爱收拾玩具，可能是孩子不知道玩具放在哪里合适，爸爸妈妈可以给孩子准备一个单独的储物空间，比如，箱子、柜子、架子。爸爸妈妈把孩子的玩具固定放在箱子、柜子、架子里，并告诉孩子玩具玩完之后要归位。每次孩子拿一个玩具去玩的时候，就告诉孩子玩完玩具还放在这里，反复叮嘱几次，孩子就会记住了。为了培养孩子的整理收纳习惯，平时孩子的衣服、鞋子也要有固定的位置。好习惯的培养需要长期坚持，父母不要叮嘱一两次就不耐烦了。

父母不要这样做

- ✗ 强迫孩子将玩具放好
- ✗ 父母自己就不爱收拾，家里总是乱糟糟的

为孩子提供井然有序的生活环境

为孩子创造一个井然有序的生活环境，是培养秩序感的前提。井然有序的生活环境包括：

规律的作息

日常生活中，父母要为孩子安排一个科学合理且相对固定的作息时间表，并督促孩子遵照执行，这样不仅有利于孩子的健康成长，还能培养时间观念和良好的秩序感。

整洁有序的家庭环境

家中的各种物品要摆放整齐，使用完毕后需物归原处。孩子习惯整洁有序的家庭环境后，自然会慢慢养成物归原处的习惯。平时鼓励孩子自己动手收拾玩具、图书，即使孩子表现得笨手笨脚、越收拾越乱，也不要斥责他们，及时鼓励和表扬会有意外惊喜。

和睦的家庭氛围

家庭成员之间和睦关爱、长幼有序，能促使孩子形成一种遵守秩序的美好心态。这种心态对培养孩子的秩序感也有所帮助。

通过生活细节、集体活动培养秩序感

家长还需要注重日常生活中的细节，从小事入手培养孩子的秩序感。

比如，进门马上换鞋，并将鞋子放在鞋柜内摆放整齐；擦手后，毛巾归于原处；厨房的碗筷按照从大到小的顺序整齐放好，等等。

家长还要经常带孩子参加集体活动，让孩子在与他人相处的过程中形成秩序感。比如，在游乐场玩滑梯时，妈妈要告诉孩子应当排队，有先有后，不推不挤。

培养孩子遵守规则的好习惯

各种公共场所都有相应的规章制度，要求大家自觉遵守规则。比如，过马路，要遵守交通规则；乘坐公交车，要排队上车、先下后上、文明礼让；去公园游玩不能践踏草坪，等等。

每到一处公共场所，爸爸妈妈在以身作则的同时，还要向孩子讲解相关的规定，这是养成孩子基本品质和素质的一种良好方式，也能够让孩子更遵守规则。

✗ 随意搬动房间的家具及摆设　✗ 父母不遵守规则　✗ 孩子玩完之后父母总是帮他收拾

孩子粗心、丢三落四

熊熊是个丢三落四的孩子，他的衣服、鞋帽总是乱扔乱放。每天早上起床都会经历一阵忙乱，不是找不到袜子就是找不到裤子，每天早上，妈妈都要为了给熊熊找东西浪费很多时间和体力。

到了上学的年纪，熊熊发现自己不是忘记了带铅笔，就是忘记了带橡皮。更要命的是，熊熊觉得这样没什么，反正可以找同学借。妈妈看到熊熊这样很无奈，不知怎么才能够改掉他丢三落四的习惯。

蒙氏解析

缺乏独立性

自主性较差的孩子普遍处于父母管教严格、包办一切的环境里，这样的环境导致孩子从心理到身体都变得懒惰，认为什么事都有人事先为自己准备，对家长有非常强的依赖性，本身缺乏独立性。

孩子比较冲动

有些孩子生性比较冲动，他们一般比较急躁，经常没听完指令就急急忙忙做事，所以常常丢三落四。另外，孩子也会因为紧张而导致遗漏。

对自己的物品重视不足

现在物质条件优越，如果孩子丢了某样东西，只要和父母撒撒娇，基本还能够再买一个，这样就导致他不懂得珍惜，对什么都不是很在乎。

视觉辨别与视觉记忆能力差

丢三落四的孩子通常视觉记忆力与视觉辨别能力比较差，如果孩子视觉记忆力不强，就很难记住物品摆放的位置，容易找不到东西；如果孩子的视觉辨别力不够强，他也不能很好地记住东西本身的样子。如果是这样的原因导致孩子丢三落四，父母可以带宝宝做一些锻炼记忆力、观察能力的游戏，比如，找不同、记手势等。

蒙氏早教培养游戏

可爱的魔方

适宜年龄：1~2 岁　　用具准备：正方体盒子，六张图

练习方法： 1. 准备一个正方体的空纸盒，在盒子的六面贴上六张便于指认，且孩子熟悉的彩色图片。2. 家长把盒子拿给孩子，让他随意地转动、欣赏。每当转到一个画面时，家长就告诉孩子“这是爸爸”“这是苹果”“这是一棵树”，等等。3. 在孩子熟悉了画面位置后，家长可让孩子听指令找画面。

找到藏起来的小动物

适宜年龄：2~4 岁　　用具准备：一张大森林的图片

练习方法： 1. 父母拿出图片让孩子注意看，说：“森林里有很多动物，但是它们都藏起来了。宝宝找找看它们都藏在哪里了？”2. 当孩子找到一个动物时，父母要表扬孩子，让孩子继续找，直到全部找出来。3. 当孩子把动物全部找出来后，父母让孩子说说这些动物的名称。4. 当孩子找不全时，父母要耐心地提醒孩子，全部找出后应奖励。

学穿鞋

适宜年龄：2~4 岁　　用具准备：一双鞋

练习方法： 1. 让孩子将鞋拿到手里，坐在椅子上把拖鞋脱掉，让孩子观察左右脚，教他分清脚和鞋的左右。2. 教孩子先找到一只脚同侧的鞋，把脚尖伸进鞋里，用手抓牢鞋的后部，往后拉，让整个脚进去，然后把脚跟套上。让孩子用同样的方法穿上另一只鞋。3. 注意不要让孩子太用力，刚开始可以让孩子练习穿大点的鞋。这在锻炼孩子生活自理能力的同时，也能锻炼孩子的独立性。

藏起娃娃的衣服

适宜年龄：3~4 岁　　用具准备：布娃娃，娃娃衣服

练习方法：1. 为孩子准备一个布娃娃和几套衣服。家长和孩子一起进行情景游戏。2. 家长对孩子说："我们要带娃娃出去玩，出门前要给娃娃穿衣服。"并跟孩子说忘记衣服放在哪里了。3. 孩子因为想要带娃娃出去玩，又找不到衣服会很着急，此时，他会意识到粗心、丢三落四的后果。4. 在妈妈帮忙找到衣服并穿上后，带娃娃出去玩。5. 然后和孩子说："天黑了，该带娃娃回家了。进家门需要把娃娃的衣服脱下来，你觉得该放到哪里呢？"

拼贴画

适宜年龄：3~4 岁

用具准备：白纸，黑色彩笔，胶水，棉签，黑瓜子皮，小草，小毛巾

练习方法：1. 在白纸上涂上胶水，把小草粘好。2. 用棉签蘸上胶水，点在纸上，用一块小毛巾把黑瓜子皮按在胶水上等片刻，粘牢后再松开，依照此方法再在纸上随意粘贴一些瓜子皮。3. 等胶水干透后，用黑色彩笔画上一条小尾巴，一幅可爱的小蝌蚪图就做好了。4. 和孩子一起欣赏共同完成的美术创作，鼓励孩子收集瓜子皮、小草、小木棍等细小物品，养成细心观察的好习惯。

挂衣服

适宜年龄：3~6 岁　　用具准备：衣架，衣服

练习方法：1. 让孩子把衣架拿到面前，将衣服的左右前襟向两边拉开。2. 教孩子把衣架两端分别伸进衣服肩部，将前襟合拢，扣上扣子。3. 将衣服同衣架挂在衣钩上。

听清命令，再做动作

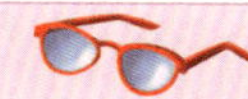

适宜年龄：3~6 岁　　　　用具准备：无

练习方法： 1. 父母站在孩子的对面，大声地说出命令，比如，“摸摸肚子，向前三步”。2. 孩子大声地回答：“收到！”做出父母要求的动作。3. 父母继续大声地说出命令：“原地转一圈。”4. 孩子继续大声地回答：“收到。”做出父母要求的动作。5. 在父母发出三个命令之后，互相交换角色，继续游戏。

拼图游戏

适宜年龄：3 岁以上　　　　用具准备：拼图

练习方法： 1. 拿一张完整的图片让孩子自己观察，和孩子讨论图片上都有什么，然后将图片拆分，再向孩子演示如何将几个图块拼成一幅完整图画。2. 试着将其中的一个图块拿走，让孩子观察移走的图块的特征，并让他试着将这块图放回原来的位置。3. 再试着取走另一个图块，让孩子自己思考和解决问题。4. 根据孩子的熟练程度逐渐增加难度，直至将拼图完全打乱，让孩子独立去拼，并在孩子遇到困难时鼓励他不能半途而废。

锻炼记忆力

适宜年龄：4 岁以上　　　　用具准备：闪卡

练习方法： 1. 准备一些闪卡，选出其中的五张给孩子看。2. 让孩子在规定时间内记忆，然后把这五张闪卡掺入其他的闪卡中。让孩子在一堆闪卡中把这五张闪卡找出来。3. 如果孩子不能找出来，适当降低难度，可以从三张闪卡开始。4. 如果孩子把闪卡找了出来，就再换几张闪卡，继续进行游戏。5. 可以协助孩子把闪卡上的文字编成一个小故事，帮助孩子记忆。

父母可以这样做

孩子粗心、丢三落四，尽管妈妈千叮咛、万嘱咐，孩子还是会犯类似的错误。粗心、丢三落四不仅会对孩子学习、生活造成影响，甚至还会对孩子未来的规划产生不良影响。这里为父母提供几种方式来帮助孩子改正粗心的习惯。

培养孩子细心的习惯

家长可以通过一些小游戏，来培养孩子细心的好习惯，比如，缝纽扣、拼图、字母混合识别、夹豆子等。这些游戏在提升孩子细心程度的同时，还能帮助孩子平静下来。

当然，好习惯并不是一朝一夕就能形成的，因此，家长需要给予孩子足够的耐心，给孩子形成好习惯的时间。孩子偶尔粗心，家长也不要急于批评，要和孩子一起找找是什么导致的粗心，而不是一味大吼大叫，这不利于孩子形成良好的心态。

教孩子学会节俭

家长应该让孩子认识到，一粒米、一滴水、一件玩具的来之不易。教会孩子认识每件东西的价值，当孩子明白了每件东西的价值和功用之后，自然就会爱惜它。

另外，给孩子买东西时让他明白，家长的每一次购物、消费都是经过慎重考虑的，让孩子学会珍惜玩具，养成节俭的好习惯。

父母放手，戒掉孩子的依赖性

家长应尽早对孩子“放手”，不过分地保护孩子，不要什么事都替他做。作为家长会不自觉地去关心孩子，但事事都操心，甚至包揽孩子的一切，不利于孩子成长，应该放手让孩子自己去做。

只有父母放手，不再事事包办，孩子才能拥有独立性，才能自己的事情自己做，自己的东西自己收拾，自己对自己负责，才能解决丢三落四、粗心的问题。戒掉依赖性，对以后独立生活也很有好处，能让孩子独自面对生活，独自解决生活中的难题。因此，要放手让孩子去做、去尝试，从小培养孩子的独立意识。

父母不要这样做

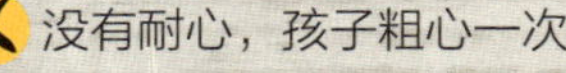

没有耐心，孩子粗心一次就责骂不止

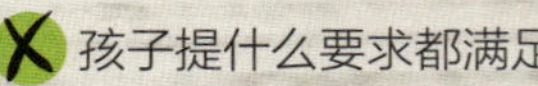

孩子提什么要求都满足

多给孩子积极的心理暗示

孩子对自己的评价通常依赖于大人的评价。如果孩子犯了一点儿小错，家长就简单归结为粗心，还一通责骂，时间久了，孩子会在潜移默化中形成粗心、马虎、丢三落四的自我认知。孩子犯错时，家长不要急于批评，可以先关注孩子做得好的地方，首先，加以表扬和鼓励，其次，耐心帮助孩子分析做得不好的原因，最后，多给孩子积极的心理暗示，帮孩子认识到自己的优点，增强自信心，之后再引导孩子改正不足。当孩子有进步时，要及时予以正面评价。

粗心会影响孩子的自信。如果孩子总是丢三落四，就会自我怀疑，认为自己是不是真的笨。如果身边人对孩子的评价总是负面的，孩子就会变得自卑。

积极的心理暗示可以有多种形式，不必拘泥于语言上的夸赞，在这里简单介绍几种方法。第一，在别人面前夸自己的孩子，并想办法让孩子知道，可以让孩子听见或由别人转达。第二，给孩子建立优秀记录本或者优秀墙，把孩子的成功事件记录在本上，或者贴在墙上，让孩子的优秀看得见。第三，用高能量姿势暗示孩子，如果孩子做得好，就给孩子竖起大拇指。

提升孩子的责任感

在日常生活中，家长应当有意识地让孩子承担一些责任。当孩子有了责任心之后，做起事情来会更加认真、谨慎，可以在很大程度上帮助孩子改善粗心大意的毛病，与此同时，孩子做完事情之后，家长还应给予相应的鼓励和奖励。

可以通过自己的事情自己做的方式来培养孩子的责任感。在孩子表现出想要尝试自己吃饭、自己穿衣、自己洗手时，家长应“放权”，让孩子自己做自己的事情。

父母做好榜样

对于孩子生活习惯的培养，父母应当做到身体力行，比如，早点起床，不慌不忙地刷牙洗脸。如果家长每天都是快到上班点才起床，慌慌张张地洗漱、上班，经常落东西在家，孩子也会养成这样的习惯。

小孩是父母的一面镜子，想要孩子做得好，首先自己得做好。

✗ 只批评，不找原因　✗ 父母替孩子做事，孩子没有实践的机会　✗ 父母自己很粗心

是小小发明家还是拆家小能手

静静 20 个月了，被妈妈笑称为“拆家小能手”，为什么这么说呢？比如，静静最近和家里的门把手较上了劲，乐此不疲地拧啊拧，结果就是让爸爸连续换了四个门把手；静静还喜欢玩妈妈的口红，插来插去，价格昂贵的口红都被插断了，把妈妈心疼得够呛；过了一段时间，静静又迷上了使用剪刀，把桌布、床单，甚至爸爸的工作报告都剪坏了……静静好像总是在变着花样地破坏着家里的东西，真是拿她没办法啊！

蒙氏解析

进入了手部精细动作敏感期

看似破坏的行为，其实是因为静静到了手部精细动作中拧、插、剪的敏感期。孩子敏感期到来时，内心会涌动一股无法抑制的热情，这股热情会促使孩子在环境中寻找可以满足爆发需求的突破口。因此，桌布、床单、妈妈的口红，甚至是爸爸的工作报告都成为了孩子可操作的材料，孩子正是在反复的操作中提高了手部小肌肉动作的灵活性和稳定性。

为了吸引家长注意

现在一些家长很忙，偶尔有空也更愿意玩会儿手机。孩子自己安静地玩的时候，家长多数不会去理会，相反孩子闹腾时，家长却会来关注他，或斥责，或制止。因此，孩子冒着可能会被骂的风险，也要“捣捣乱”，其实这是以另外一种方式获取家长的关注和关心。

出于爱探索的本能

好奇心强是幼儿的天性，对于他没见过、不了解的事物，总喜欢去看一看，摸一摸。看到会转动、能出声的玩具，总是忍不住想去拆解一下，看看里面长什么样子，其实这也是孩子探索世界的一种方式。

蒙氏早教培养游戏

彩带飘飘

适宜年龄：0~2 岁　　用具准备：彩纸

练习方法： 1. 家长拿起一张纸，撕成一条一条。再拿起一张纸，握住孩子的双手，帮助孩子将纸撕成一条一条。2. 让孩子抓住纸条抬起手臂，作挥舞状，告诉孩子这是什么颜色的彩带。3. 递给孩子一张纸，鼓励孩子独立将纸撕成条状。

捏小球放入杯中

适宜年龄：1 岁以上　　用具准备：杯子，小球

练习方法： 1. 父母先示范用拇指和食指拿稳小球，拿到杯口时说“放开”，让小球落入杯内。2. 父母鼓励宝宝自己拿球，也同样放入杯中。当宝宝放入第一个小球时，父母要及时表扬宝宝。3. 放入、倒出，父母不要怕浪费时间而不引导宝宝做此类游戏，同时一定要看护好宝宝，不要让他把小球放入嘴里。

撕图形

适宜年龄：2 岁以上　　用具准备：彩纸

练习方法： 1. 准备一张彩纸，家长用针在纸上扎出三角形、圆形、长方形，让孩子沿着扎的线用手撕出不同的图形。2. 开始时孩子撕出的图形可能不完整，妈妈可以把孩子撕好的图形放到桌上，请孩子说说自己撕的是什么图形。3. 尽量鼓励孩子比较规整地撕出三角形、圆形和长方形，以此来锻炼孩子手部肌肉的灵活性及手指的控制能力。

练习用筷子吃饭

适宜年龄：3 岁以上 **用具准备：筷子**

练习方法： 1. 练习使用筷子要在孩子熟练使用勺子的基础之上。教给孩子筷子的正确拿法：用拇指、食指操纵第一根筷子，用中指稳定第二根筷子。2. 先让孩子用筷子夹起大一些的固体，比如，海绵块、大枣等，再练习夹没煮的通心粉等，可以假装让孩子夹东西喂给娃娃吃。3. 在饭桌上，逐渐让孩子练习用筷子吃饭，只要孩子能将食物送进嘴里即可，当孩子将饭菜洒在桌子或地上时，不要责怪孩子。4. 孩子练习用筷子夹东西时，家长要在一旁观察，以免孩子把家长准备的海绵块、没煮的通心粉塞进嘴里，发生危险。

在练习使用筷子时，要注意不要让孩子把筷子戳到眼睛，以免发生危险。

让孩子学会用筷子的益处

- 第一，拇指、食指、中指的配合，促进了小肌肉的发展，同时刺激了大脑皮质相应区域的发育。
- 第二，在孩子使用筷子的过程中，手、眼的配合训练又发展了孩子的知觉和具体思维能力，使孩子有发展更加复杂的动作的身体和大脑条件。
- 第三，及早灵活使用筷子，为尽快学会握笔奠定了基础。
- 第四，可以促进孩子生活自理能力的提高。

投球

适宜年龄：3 岁以上

用具准备：旧包装盒，剪刀，彩笔，小球

练习方法： 1. 在废旧包装盒上面画上小丑的五官和帽子。2. 将小丑的嘴巴、眼睛和帽子上的圆形用剪刀剪掉，这样小丑的脸上就会出现大小不同的洞。将小丑的鼻子等用彩笔涂上漂亮的颜色后把旧包装盒贴在一面墙上，让孩子将小球投进小丑面具的洞里。3. 孩子开始练习时，先让孩子投小丑嘴巴的大洞，待孩子熟练之后，再请孩子将球投进小丑的眼睛等小洞里。

小小“面点师”

适宜年龄：4 岁半以上

用具准备：和好的面团，食用色素

练习方法： 1. 让孩子洗净手，分给他一团面，家长准备好食用色素，滴在上面，直到孩子把面揉成彩色面团。2. 揉好后，家长可以带着孩子用彩色面团做出各色小点心、小饼干，也可以让孩子自己捏出各种形状。3. 即便孩子捏出的东西不成样子，家长也要鼓励孩子愿意动手做。4. 可以蒸熟面团，吃饭时全家分享，让孩子体验成就感。

我是神枪手

适宜年龄：4 岁以上

用具准备：卫生纸，胶带，洗洁精，空瓶子，图书纸，彩色笔

练习方法： 1. 家长在图书纸上画上几种孩子喜欢的动物，剪下来。2. 将卫生纸捻成长条，用胶带将其一端粘在图形背后。3. 将卫生纸的另一端固定在高处，让它悬挂在空中，当作靶子。将洗洁精空瓶灌满水，盖好瓶盖，自制一把水枪。4. 让孩子站在指定的位置，用力挤压瓶子，把水喷到卫生纸上，使它湿透、断裂，直到动物图形被打下来。

父母可以这样做

在孩子成长发育的过程中，精细运动技能的发育是很多父母都很关注的。因为精细动作的发展对宝宝未来读书、写字及日常生活活动都是非常重要的。那么父母怎么做才能够帮助孩子提升精细动作的能力呢？

给孩子创造适合动手的环境

如果孩子喜欢撕书，就给他准备一些柔软的纸，让孩子尽情撕；玩具方面可以给孩子买一些品质好、颗粒较大、棱角较少、可以拆卸的玩具，比如，积木、可拆装的模型等，以此锻炼孩子的精细动作能力。

此外，爸爸妈妈可以带着孩子一起画画、折纸、做手工，还可以给孩子买一些橡皮泥或者和个面团，让孩子发挥想象力，捏出不同的造型。

多陪伴孩子，主动和孩子做游戏

家长无论多忙都要尽量抽出时间来陪孩子做游戏，以此来满足孩子爱玩、爱探索的心理，给孩子安全感，也消耗孩子多余的精力，让孩子不再“拆家”。除此之外，和孩子一起玩游戏时，也可以多问孩子为什么，引起孩子的好奇心以及探索的欲望。

适时转移、分散孩子的注意力

当父母发现孩子想要弄乱屋子，搞一些破坏的时候，可以试着用其他方法吸引他的注意力，比如，带孩子跳跳舞或者下楼跑跑步、玩玩小区里的游乐设施，等等。在转移孩子注意力的同时，让他获得其他的乐趣，不再执迷于“拆家”。

当然，如果没能及时制止孩子的行为，孩子已经把家里的某些东西给弄坏了，此时，家长要让孩子学会在他能力范围内对自己的行为负责，比如，打破了妈妈的擦脸油，让孩子帮忙拿来清扫工具；把家里的油盐弄得到处都是，让孩子拿抹布自己擦干净。

父母不要这样做 ✗ 大声呵斥孩子“拆家” ✗ 怕孩子误食什么都不让做 ✗ 与孩子掰手腕

学会换位思考

换位思考就是站在孩子的角度去考虑问题，更容易发现问题的本质，了解孩子需要什么，不是只按照自己的意志去要求孩子，才更容易与孩子建立有效的沟通，建立良好的亲子关系。不要因为孩子的行为带来了不好的结果，就火冒三丈地责骂孩子，而是要冷静下来，换位思考寻找原因。与孩子一起解决问题才是关键。

当孩子拆玩具、拧坏把手等行为造成了破坏的结果时，家长应尝试着换位思考，也就是想一想孩子这么做的出发点是什么。比如，孩子只是想探究一件事物的工作原理，这种追本溯源的精神，家长是应当鼓励的，但是需要对孩子的行为进行约束，给孩子制订规则，让孩子明白哪些行为是危险的，带孩子了解生活中常见的物品哪些可以碰，哪些不可以碰，让孩子在安全范围内探索。

除此之外，还要把危险品（比如，药品、纽扣、弹珠等易误食的物品，针、剪子等尖锐物品，火、开着的“小太阳”、带电插孔、烧开的水等可能导致烫伤、触电的东西，等等）放到孩子够不到的地方。

在日常生活中锻炼孩子的精细动作

家长想要在日常生活中锻炼孩子的精细动作，平时可以给孩子找一些对于他来讲比较精细的“工作”，比如，让孩子帮你搅拌鸡蛋、擀面皮等。这样除了能够提升孩子精细动作能力，还能够增进亲子感情，让孩子养成爱劳动的习惯。

另外，可以让孩子自己吃饭，学习使用勺子、筷子，这些都利于手部精细动作的发展，对眼、脑、手的协调能力也有很好的锻炼效果。

正确理解孩子的行为

0~3 岁的孩子正处于快速接收外在信息的敏感期，他们的“捣乱”行为其实也是一种学习的过程。无论是一块积木零件，还是一个会发声的玩偶，都值得孩子动手探究。手是人类的“第二大脑”，通过手的触摸、拆卸、组合，能够促进大脑发育，让孩子更聪明，因此，父母不要大声制止、斥责孩子，阻碍孩子精细动作的发展。

✗ 为抢时间往孩子嘴里塞饭　✗ 让孩子“衣来伸手，饭来张口”　✗ 给孩子扣上“熊孩子”的帽子

看电子产品时间过长致近视

菲菲妈妈前一段时间因为工作忙，把菲菲送到了姥姥家，最近才把菲菲接回家。菲菲回家后总和妈妈要手机看动画片，说：“姥姥都让我看，为什么你不让？”菲菲妈妈没办法，只能给她手机。但菲菲最近看东西总是歪头、眯眼，于是赶紧带她去医院检查，果然已经需要佩戴眼镜了。

菲菲很难过，但还是抵制不了动画片的诱惑。妈妈说：“菲菲，妈妈不是不让你玩，但咱们约定每天只玩半个小时，可不可以？”菲菲答应了，并且郑重地和妈妈签了协议。

蒙氏解析

用眼习惯不好

导致近视的用眼习惯包括：用眼超过40分钟且不休息；长期眯眼视物；用眼姿势不科学，距离书本太近或歪头看书本；长时间看电子产品；躺着、关灯、走路时看电子产品；长时间在强光下用眼；缺乏户外运动。

缺乏陪伴

父母忽视陪孩子玩，很容易导致孩子产生孤独感，孩子经常说“好无聊”“没人陪我玩”，于是通过看电子产品来获得心灵补偿，但孩子可能管不住自己，只要一看就停不下来。如果父母可以多陪孩子，孩子就会将注意力从电子产品转移到有意义的事情上来。

缺乏自控力

对于自己感兴趣的事，即使成人都很难自控，何况一个孩子，当他正玩得、看得开心时，家长喊停对孩子来讲是很痛苦的，家长应试着理解孩子。

视觉是最先发育的

感官的五感中，最先发育的就是视觉。孩子在胚胎时期，眼睛的结构、视神经以及与视觉相关的中枢神经系统已经铺设就位，但是需要在出生后给予必要的视觉刺激，才能形成视觉传导回路。视觉皮质的脑神经网络联系，在孩子出生3个月时达到高峰，视觉能力发展的关键期就是1岁之前的婴儿期。

孩子看得越清楚，对周围的事物越留意，就越能更多、更准确地接受外界的信息和刺激，这是帮助学习和大脑发育的重要基础。

蒙氏早教培养游戏

视觉训练游戏

适宜年龄：0~1 岁
用具准备：黑白棋盘，人脸图，红球，玩具等

练习方法：1. 刚出生的孩子喜欢看轮廓鲜明、色彩对比强烈的图形，比如黑白棋盘、人脸图等，图片要大，最好摆放在距离孩子眼睛 20~40 厘米远的位置。2. 1 个月大的孩子可以通过移动红球练习视线追踪。3. 4 个月之前的孩子可以通过可摇响、捏响玩具的移动，练习目光追随、抓、拍等，但是像花生米样大小的小东西，此时的孩子是看不到的。4. 孩子最喜欢看着妈妈微笑的脸，妈妈可以随时转换抱孩子的姿势，使孩子的目光随着移动，有助于眼肌的训练。

小鸟飞呀飞

适宜年龄：0~1 岁
用具准备：一只色彩鲜艳的小鸟毛绒玩具

练习方法：1. 让孩子在床上躺好，家长拿出小鸟毛线玩具，模仿小鸟的叫声，上下移动小鸟，孩子的目光会追寻小鸟移动。2. 小鸟或上或下、或左或右，最后家长把小鸟高高举起，对着孩子说：“小鸟飞累了，小鸟要落下来了，小鸟准备落在宝宝的小肚子上。”或者让小鸟在孩子面前飞两圈，最后轻轻落在孩子的肚子上。这时家长用玩具来回摩擦孩子的肚子，并让孩子抓住小鸟，触摸并感受毛绒玩具的质感。

跑步时要选择平坦宽阔的路，避免宝宝被绊倒。

红灯停，绿灯行（一）

适宜年龄：2 岁以上
用具准备：红色和绿色彩纸

练习方法：1. 为孩子讲解绿色代表可以走，红色代表停，并要求孩子要遵守这样的规则。2. 游戏开始，家长随意举起不同颜色的纸。如果孩子在“红灯”时继续前进，则游戏失败；如果孩子能够很好地掌握，并做停止、等待和前进的动作，家长要及时给予鼓励。3. 此游戏能够培养孩子的自控力、耐心和遵守规则的意识。

全家跑步时间到

适宜年龄：2 岁以上
用具准备：无

练习方法：1. 家长和孩子约定，每天晚饭后（或者早上起床）半小时是全家人的跑步时间，这件事每一位家人都要参与进来。2. 刚开始孩子跑得慢，又不愿跑，家长不要训斥，应耐心地陪孩子一起跑，当孩子有了进步之后，家长则要积极赞扬孩子。3. 慢慢地将运动培养成孩子的兴趣爱好，养成坚持运动的好习惯，让孩子不再只有玩手机这一个爱好，同时增进亲子感情。

感受大自然

适宜年龄：2 岁以上　　用具准备：无

练习方法： 1. 天气好时，带孩子到郊外去。告诉孩子天空的颜色、白云的形状，让孩子感受微风拂面。2. 引导孩子观察大树有多高，聆听小鸟的叫声，闻一闻泥土、小草的气味。3. 让孩子在大自然中找到乐趣，慢慢爱上大自然，不再只沉溺在手机里。

教孩子玩运动器械

适宜年龄：2 岁以上

用具准备：篮椅，橡皮球，小圆梯

练习方法： 1. 篮椅：让孩子坐在篮椅上，教孩子用脚蹬木板，篮椅就来回晃动。可以锻炼下肢。2. 橡皮球：妈妈给孩子两个橡皮球，让孩子坐在椅子上一手拿一个球自己玩，这样可以锻炼双臂的力量。3. 小圆梯：让孩子用手扶住护栏，慢慢地爬小圆梯，有助于培养孩子对运动的兴趣，避免孩子沉溺电子产品。

不听话的孩子怎么办

适宜年龄：3 岁以上　　用具准备：无

练习方法： 1. 在孩子不听话时，家长要平静下来，然后将孩子抱起来。2. 轻轻地对孩子说："妈妈（或爸爸）猜，你刚才一定这样想……" 3. 跟孩子交流完之后，和孩子互换身份重新处理问题。可以试着问孩子："将来你做了妈妈（或爸爸）后，也碰巧遇到了这样的问题，会怎么处理呢？" 4. 通过孩子的描述，家长就可以从孩子的角度去看待问题。

父母可以这样做

如今电子产品非常丰富，包括手机、电脑、电视机、平板等，可以满足孩子的娱乐需求和交往需求。如果孩子的自制力比较差，就很容易沉迷其中，无法自拔，严重影响孩子的身心健康。那么父母该怎么做才能够让孩子不沉迷其中呢？

用亲子活动替代电子产品

家长可以利用周末的时间带孩子出去走走，比如，去短途旅游，参观博物馆、艺术馆、天文馆、植物园、水族馆等，不仅能够让孩子远离手机等电子产品，还能够增加父母陪伴孩子、与孩子沟通的机会，增进亲子关系，让孩子学习到各种知识。

另外，还可以带孩子多亲近大自然，全家一起去野营、远足或者去大自然中走一走、转一转也是可以的。孩子在大自然中玩耍时身心会得到放松，还能拓宽孩子的视野，对孩子的学习也是非常有利的。

根据性格培养兴趣爱好

每个孩子都有长处和短处，如果家里的孩子性格外向、活泼好动，可以适当安排些安静类的活动，比如，读书、做手工等。如果家里孩子性格偏安静，可以经常带孩子做些户外运动，比如，打球、跑步、骑车等。同时，家长可以和孩子一起玩，释放工作压力的同时，还可以增进亲子感情。

约定玩的场景

不同的场景下，有不同的规则。让孩子了解在各种场景下分别该干什么事，养成良好的习惯，这样才能一心一意地做事。做什么事情都不能专心，导致的结果是学没效果，玩不尽兴。家长可以制订规则，比如，吃饭时、睡前一小时，或者走路时，完全不允许使用电子设备，以免影响进食、睡眠或者安全。可以在家里设置几个“无电子设备区”，比如卧室和饭桌，同时，可以放些适合孩子阅读的书，绘本、童话类的书。

父母不要这样做  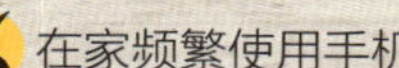 在家频繁使用手机  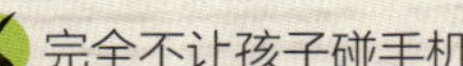 完全不让孩子碰手机 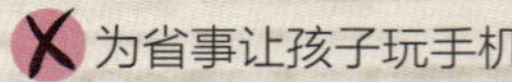 为省事让孩子玩手机

为减少电子产品对孩子的伤害可以这样做

现在，让孩子完全远离电子产品是不现实的，那么该如何降低电子产品对孩子眼睛的伤害呢？

补充营养

维生素A是维护正常视力的重要营养素，也叫“抗眼干燥症维生素”，重要的生理功能包括维护上皮细胞健全和稳定细胞膜，当机体缺维生素A时，可以影响结膜和角膜功能，从而出现眼球干燥、泪腺分泌减少、软化甚至穿孔。尤其是婴幼儿身体各项机能尚未发育完善，且是缺乏维生素A的主要人群，需要常规预防性补充维生素A。

维生素A的最好来源是动物肝脏、奶类和蛋类，以及富含胡萝卜素的红黄色和深绿色果蔬。

提供光线适中的环境

在孩子玩电子产品时，家长要注意房间的光线，不能太暗也不能太亮，给孩子提供一个良好的玩耍场所。如果孩子处在光线不好的环境中，或者在颠簸的车上时，则要尽量避免让孩子接触电子产品。

严格控制玩电子产品的时间

父母可以与孩子约定电子产品的使用时长，需要注意的是，不能完全让孩子自己定，要让他选择，比如，25分钟或30分钟。另外，时间到了，如果孩子央求说再玩一会儿，父母也不能心软，坚决执行约定。

切记，要严格控制使用电子产品的时间，每次使用手机不应超过30分钟，使用手机30分钟后，要及时放松眼睛，比如，闭目养神或看远处的景物10分钟，避免用眼疲劳。

鼓励孩子和其他小朋友一起玩

家长可以为孩子准备一些可用于集体游戏的玩具，比如，积木、百科图书等，邀请其他小朋友一起玩或鼓励孩子加入其他小朋友，不仅能让孩子远离电子产品，还能培养孩子的分享合作意识，为长大后社交时更从容、得体打下基础。

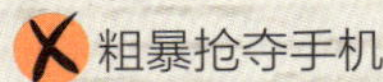

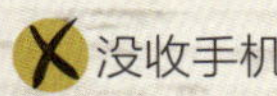

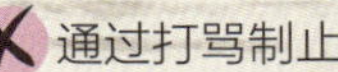

走路不看路

在妈妈眼里，冉冉是一个活泼、好动的宝宝，喜欢出门玩，但是有一点让妈妈非常担心，那就是冉冉走路从来不看路，经常摔得青一块、紫一块，让人心疼。可是下次依旧如此，怎么劝说好像都没有用。明明在大人眼里看着是显而易见的危险，在冉冉眼里像是不存在似的，比如，路前面有个小沟，大人都会迈过去，可是冉冉就像没看见一样，甚至还在抬头看天上的云，结果直接崴了进去。

蒙氏解析

注意力不集中

孩子的注意力容易分散，他对周围的事物都充满好奇心，非常容易被吸引。当他玩耍、走路或跑步时，注意力更容易分散，往往会忽视周围的危险。

没有交通规则的概念

孩子还没有完全理解交通规则的重要性，还不知道红绿灯的含义，也不知道在什么地方可以安全地横穿马路。另外，孩子缺乏社会经验，无法很好地适应周围环境，不能很好地判断危险性并处理突发事件。

神经系统发育不成熟

孩子的神经系统发育还不成熟，他的大脑和神经系统需要更多的时间来学习和理解周围的信息。因此，孩子还不能够很好地感知危险信号和警告，也不能准确地估计速度和距离。

精力充沛

孩子精力充沛，喜欢奔跑和玩耍，当孩子兴奋起来之后，会失去控制，不能很好地掌控自己的行为。

自我中心思维

孩子比较以自我为中心，他只会考虑自己的需求和感受，而不考虑其他人的感受和行动。这就意味着孩子无法预测其他人的行为，难以判断周围潜在的危险。

蒙氏早教培养游戏

追赶玩具

适宜年龄：7 个月 ~1 岁　　用具准备：绳子，幼儿玩具

练习方法： 1. 取一个孩子喜欢的玩具，在上面系一根绳子，把玩具放在孩子面前，吸引他的注意。2. 慢慢拉动玩具，让它离孩子越来越远，直到孩子用手够不着为止。3. 鼓励孩子爬过来抓住玩具。4. 不要过快地拉动玩具，如果孩子总也抓不到，他就会失去做游戏的兴趣。只要孩子努力地爬几步，就可以停下来让孩子抓住玩具，同时要表扬孩子：“宝宝真能干。”锻炼孩子的注意力与肢体协调能力。

红灯停，绿灯行（二）

适宜年龄：2~3 岁　　用具准备：玩具车，红绿灯

练习方法： 1. 带孩子到十字路口，观察红绿灯的开启和车辆行驶的关系。2. 回到家里，在地上设定一个路口，摆上红绿灯，并把玩具车分别按照不同的行驶方向摆好。3. 让孩子控制红绿灯，父母来推动车辆。孩子显示红灯（或者喊出“红灯”的指令的时候），父母就让要过路口的车停下，排队等候；等孩子显示绿灯之后再通过。4. 和孩子交换角色玩。父母控制红绿灯，孩子扮司机。5. 在游戏中要及时鼓励孩子的进步。

砸地鼠

适宜年龄：5 岁以上　　用具准备：砸地鼠游戏机

练习方法： 1. 带孩子去有儿童娱乐设施的地方（公园、游乐场等），找到砸地鼠游戏机。2. 指导孩子如何用锤子砸从洞里冒出来的地鼠。3. 让孩子自由地游戏，注意：家长不要一直在一旁指挥，会分散孩子的注意力。

父母可以这样做

孩子还很小，自我控制能力不强，但是因为怕孩子出门危险而不让他出门，或者直接给他一个手机，弊大于利，不仅会影响孩子身体健康，而且还会让天性喜欢玩的孩子心里感到憋闷。那么，父母该怎么做，才能够让孩子走路看路、更安全地过马路呢？

防止孩子脱离大人视线

孩子正处于对什么都好奇的年纪，什么都想去试一试，因此，带孩子出门时，一定要让孩子处在自己视线之内。尤其是多个大人一同带孩子时，切忌大意、互相依赖，都认为对方会看着孩子，结果谁都没管孩子，导致孩子受伤，后悔不已。另外，告诉孩子一定要跟在大人身边，别随意乱跑，如果摔倒了，可以向爸爸妈妈求助。

提醒孩子路上注意安全

孩子走路时家长可以拉着孩子的手一起行走，当发现孩子不看路时，家长要时不时地提醒孩子，让孩子看看前面，注意前面的行人和障碍物，避免摔跤或者碰撞。

除此之外，孩子穿什么鞋也很重要。太小的鞋挤脚限制活动；太大则松松垮垮，走路容易摔伤。要给孩子买一双合适的鞋，以方便孩子走路，减少危险发生的概率。

带孩子玩培养注意力的游戏

注意力是孩子认识世界的第一道大门，是培养感知觉、记忆、学习和思维等能力不可缺乏的先决条件，有了注意力，孩子才能专注地做事，才能更加有自信。

孩子走路不看路，可能是注意力不集中导致的，父母可以从小带孩子玩一些培养注意力的游戏，比如，带孩子玩卡片配对、盖瓶盖、玩拼图、传悄悄话、搭积木、听声音猜乐器、穿珠子、投球入瓶等一些简便易行、效果明显的注意力训练游戏。注意力提升之后孩子不仅能够更好地走路，还能够更专心地学习，益处多多。

此外，很多游戏需要家长和孩子一起玩，这样的话，还能够增进亲子关系，让家人之间变得更亲密无间。

父母不要这样做

✗ 总是搀着或抱着孩子

✗ 孩子摔跤时就责备孩子笨

教孩子安全过马路

父母可以告诉孩子如何安全地过马路。

有信号灯的路口切勿闯红灯：应该等待绿灯亮起或者行人信号灯亮起，然后才能穿过马路。同时还应该时刻注意车辆和其他行人，如果有人闯红灯，千万要及时躲闪，以避免发生意外。

应走人行道：应该在人行道上行走，避免在马路上走动。如果没有人行道可用，应该走在靠近路边的地方，并尽可能靠近建筑物或者其他障碍物，以减少与车辆相遇的机会。

没信号灯的路口千万不要抢行：通过没有交通信号灯、人行横道的路口时，应时刻认真观察来往车辆情况，不与机动车争抢，在确认安全后才可以和爸爸妈妈一起通过。另外，过马路时应当走人行横道、地下通道或过街天桥。

不追逐打闹、不低头：过马路是关乎个人生命安全的大事，因此，在过马路的时候一定不要与伙伴嬉笑玩闹，也不要被地上的瓶盖等吸引了注意力、低头不看路，这些行为随时可能导致意外伤害的发生。

教孩子安全常识

第一，给孩子上安全知识课。可以通过读绘本、讲故事、看新闻等方式，来告诉孩子出门不看路、横穿马路的危害，比如，可能会撞伤自己，进医院打针吃药，还很疼，等等。

第二，为孩子订立出门的规矩，比如，出门玩之前告诉孩子目的地在哪儿，会有什么危险，到目的地不能乱跑，可以通过拉钩的方式来约定。又如，限制孩子在某些情况下的自由度，或者向孩子展示相关的教育视频和图片，以加深孩子对安全常识的理解。

孩子做得好要及时表扬

孩子出门感到非常开心，对周围事物充满好奇心，到处不管不顾地乱跑，不能像大人一样专注地走路，家长应当表示理解。此时家长可以选择拉着孩子的手一起走，避免孩子摔跤或者磕碰，摔伤自己。如果孩子想挣脱，家长要适时提醒孩子注意安全，将一些安全知识教给孩子，如果孩子做得好，家长要适当给予鼓励与表扬。

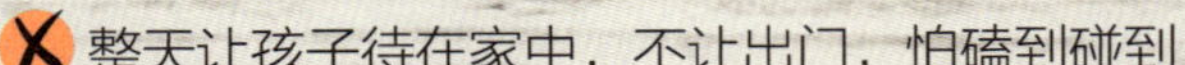

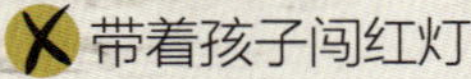

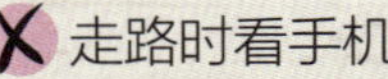

第四章
好的学习习惯都是培养出来的

好习惯促进孩子的进步和成长，坏习惯影响孩子的生活和学习。好习惯让孩子更快适应生活，拥有好的学习习惯，学习效率高，利于激发孩子学习的积极性和主动性。那么，怎么才能养成好的学习习惯呢？这需要家长的耐心引导。

孩子喜欢边学边玩

一次，妈妈给了兰兰一本书要她读，就出去做自己的事情了。当妈妈又走进房间时却看见兰兰并没有在认真看书，而是看一会儿玩一会儿。妈妈立刻说："兰兰，为什么没看书？"兰兰说："里面的字我都认识，肯定能在规定时间看完。"于是，妈妈又给兰兰加了两本书。时间到了，兰兰没看完，她觉得不公平。妈妈说："如果之前没浪费时间，你觉得能看完吗？"兰兰说："可以。"妈妈又说："我之所以给你加书，是因为你浪费了时间。生活就是这样，情况经常发生变化，所以一开始就要抓紧时间把该做的事做完，再去做其他喜欢的事。"

蒙氏解析

注意力不集中

学龄期的孩子出现边学边玩的情况，很多是因为在幼儿期没有进行很好的注意力培养训练，无法集中注意力导致的。注意力是构成智力的五个基本因素之一，是记忆力、观察力、想象力、思维力的准备状态，因此，注意力被人们称为"心灵的门户"。

导致注意力不集中的原因包括

生理原因：身体疲惫、发育不完全、缺乏训练、想上厕所、吃得太饱犯困、饿了等。

病理原因：铅中毒、脑组织损害、多动症。

学习环境不舒适：天热、噪声大、有异味等。

不良生活习惯：孩子经常被打断说话、做事，过度使用电子产品，心里惦记着其他事情等。

对学习的内容不感兴趣

一些孩子不喜欢语文，一些孩子不喜欢数学，当孩子遇到他不喜欢的科目或内容时，很难投入进去，这也是可以理解的。因此，需要家长从小培养孩子学习、求知的兴趣，带孩子一起阅读、一起学习各种知识等。

时间观念不强

孩子时间观念不强，对于读书、做作业需要多少时间并不清楚，总以为时间还很充足，玩一玩也没什么大不了的。

家长过多的打扰

当孩子学习时，家长没有耐心等待，孩子还没思索出解决的方法，便马上下手帮助，打断孩子思路，让孩子不能独立、完整思考一件事情。这样过度干预，是很难让孩子养成专心做一件事情的习惯的。

蒙氏早教培养游戏

属于我的第一本小书

适宜年龄：0~2 岁　　　　用具准备：自制图书

练习方法： 1. 将孩子喜欢的颜色，爱吃的食物等图片塑封好订在一起，制成属于孩子的第一本小书。2. 经常和孩子一起翻看。看书时，家长可以把孩子抱在怀里，引导他一页页地翻书，每翻一页跟孩子说一说这一页的内容，给孩子讲书中他喜欢的小动物图画，调动孩子兴趣。比如，当孩子翻到“猫”这一页时，家长进行语言引导：“这是宝宝喜欢的小猫。”并讲述小猫的故事。

那是谁的叫声

适宜年龄：1~2 岁

用具准备：一些动物图片及相对应的动物叫声的音频

练习方法： 1. 家长和孩子面对面坐好后，家长放音频，让孩子仔细听，并辨别是什么动物的叫声。其间，家长尽量不要打扰孩子。2. 如果孩子找到了相应图片，示意他举起图片，也可试着让孩子模仿声音。3. 可以让孩子多听几种动物叫声，让他判断。4. 此游戏能培养孩子的专注力。

翻书

适宜年龄：1~2 岁

用具准备：不容易撕坏的儿童读物（可以是适合小孩看的木书、布书）

练习方法： 1. 准备一些适合孩子读的图书，情节要简单、易懂，画面要色彩明快、丰富。2. 把书放在地毯上，家长引导孩子说一下所看到页面的颜色和内容，比如，当翻到“鸟”这一页时，妈妈立刻说：“看！飞翔的小鸟！”并向孩子讲述画面上的内容，以此培养孩子阅读、学习的兴趣。

什么不见了

适宜年龄：1 岁半以上

用具准备：小汽车、小熊等玩具

练习方法： 1. 妈妈与孩子面对面坐好，拉开一定距离，准备游戏。2. 妈妈在孩子面前出示几件小玩具，边出示边和孩子一起说出物品的名称，比如，小汽车、小熊等。3. 请孩子闭上眼睛，妈妈迅速拿走一样东西，请孩子睁开眼睛，并说出什么东西不见了。4. 逐渐增大难度，可以把玩具增加到四件、五件，甚至更多。

摆摆弄弄真神奇

适宜年龄：3 岁以上

用具准备：安全剪刀，硬彩纸

练习方法： 1. 妈妈用硬彩纸剪出各种小图形：三角形、圆形、长方形、平行四边形、正方形等。2. 爸爸、妈妈和孩子先后用这些图形拼出各种物品，比如，圆形和长方形组成棒棒糖；三角形和正方形组成房子；半圆和长方形组成蘑菇；半圆和三角形组成帆船等。3. 创造出来的拼图，要说出名称和拼接理由。三个人轮流解说和演示，每次不能停顿时间过长，也不能重复刚才别人做过的内容。4. 游戏过程中，父母要互相配合，适时地暗示、引导和启发孩子，让孩子尝到成功的喜悦，增强自信心。

一起来阅读

适宜年龄：3 岁以上

用具准备：小书架或小书柜，儿童读物，小板凳，小桌子等

练习方法： 1. 在家里给孩子布置一个放书的空间，比如，一个小书架或小书柜，高度以孩子能拿到为宜。旁边准备一张小桌子，一个舒适的靠垫或供孩子坐的小板凳。2. 根据孩子的阅读水平，结合孩子喜欢的玩具、动画片和孩子感兴趣的内容选择图书，比如，图文并茂的儿歌，情节简单的童话，以及介绍方位概念、科学常识等启发教导性图书，等等。3. 家长和孩子一起看书，并给孩子讲解书中的内容和故事。4. 家长可以采用更多的阅读方式，比如，爸爸或妈妈讲一点，问问孩子接下来想知道什么；或者爸爸或妈妈讲一页，孩子讲一页，培养孩子的阅读兴趣。

读卡片游戏

适宜年龄：6 岁以上

用具准备：大量写有词汇和短句的卡片，各式各样的玩具，篮子

练习方法： 1. 在桌子上放满玩具，每个玩具都有一张写着名称的卡片，家长把这些卡片混放在篮子里面，让孩子从篮子里任意抽出一张。如果他能准确读出那个名称，就可以拿走对应的那个玩具。2. 在孩子认识了相当数量的常用词汇后，可以把卡片换成日常使用的短句。家长也可以引导他自己写下这些卡片。3. 孩子掌握大量短句后，就可以完全用书面语言来指导他制作丰富的短句卡，家长可以和孩子一起选用合适的短句卡表达自己的意愿。

父母可以这样做

孩子基本上是先学会了玩，然后才在玩的基础之上，学会了坐在一个地方认真地读书。当孩子在从玩到学的关键时期，父母没有给孩子把握好方向，养成好习惯，很容易让孩子出现边学边玩的情况。遇到这种事情，父母该如何应对呢？

从感兴趣的点入手

在培养孩子注意力的时候，应该首先从他最感兴趣或者是最需要的事情入手，尽量向他们提供一些跟他的内在保持一致的事物，而不是一味地强迫孩子接受自己不感兴趣的东西。

过多干预可能会让孩子感到压抑，如果很多愿望没有得到满足，在他的内心深处，就会把这些愿望当成是一种最大的自由和快乐，一旦长大成人，孩子就会变得无节制。

创造良好的学习环境

无噪声、温度舒适的学习环境。

学习之前可以先上一趟厕所。

尽量在饭后半小时至下顿饭前半小时之间学习，学习时间不宜过晚。

学习的房间不要放太多杂物，学习房间不要放玩具，学习桌面干净整洁，无花哨摆设。

营造和谐的家庭氛围

在家庭成员关系不好、父母对孩子教育简单粗暴的家庭中，孩子容易出现一边做作业一边玩耍的现象。因此，为孩子营造一个良好的家庭氛围，让孩子有安全感、愉悦感和对父母的依赖感，是帮助孩子改变不良学习习惯、克服畏难情绪的重要前提。

教育孩子要有方法，不要随便打骂孩子。因为孩子小的时候，并不会意识到学习的重要性，而玩才是孩子的天性，所以一定要给孩子足够多玩的时间，比如，孩子在规定时间里做完作业了，可以玩半个小时或1个小时，这样会激起孩子学习的积极性，就不会出现边做作业边玩的情况了。

父母不要这样做

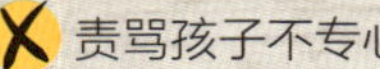

✗ 责骂孩子不专心

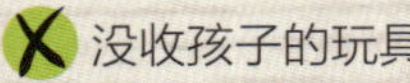

✗ 没收孩子的玩具

✗ 对孩子的表现表示非常失望

提高学习效率的好方法

家长可以通过以下几种学习方法，来帮助孩子提高学习效率。

列计划、拆解任务

和孩子一起制订学习计划，包括学习时间、学习任务，根据年龄和孩子的能力设置连续学习的时间，比如，可以每 15 分钟休息一下，休息时间不宜过长，在全部完成本轮学习任务前，不可以玩游戏或做其他耗费精力的事情。

只能听（或看）一遍

如果学习资料可以重复观看，可能会让孩子觉得记不住也没有关系，应该鼓励孩子只听（或看）一遍，然后做完整的课后测试。不要一看到不会的内容就直接返回去重新看视频，先尽量凭记忆回忆学习内容，全部完成测试后，再回看视频。

带着问题学习

通过预习、复习的方式，先大致了解学习内容，孩子可以自己提问，也可以由家长来提问，再听课，课后回顾之前提出的问题，看是否解决。课后还可以根据课程内容再次提问，检验、巩固听课成效。

适当的奖惩

当孩子回家后不磨蹭、不玩，在规定的时间内，保质保量地完成当天老师布置的作业时，家长可以允许孩子提个要求，比如，奖励一个一直想要的铅笔盒、看一会儿一直想看的动画片，等等。

当孩子边玩边学、拖拖拉拉浪费时间时，不催促、不提醒，如果孩子到了休息时间还是没做完，不能继续，必须马上休息。完不成任务老师会批评，让他体会拖延的后果，吸取教训，慢慢学会承担责任，为自己的行为负责。

与孩子一起制订一个时间表

家长应当充分地尊重、信任孩子，和他商量制订一个时间表：列出放学后的时间有哪些事需要做，定出大约需要多久时间看书、写作业，并提醒孩子将这些任务按照顺序排列出来，并一一完成，剩下时间自由支配。这样孩子会更主动一些，因为剩余时间可以由自己支配。

✗ 严厉督促孩子学习 ✗ 孩子学习，父母一直陪着 ✗ 孩子学习，父母一会儿问饿不饿、渴不渴

做什么都可以，就是不学习

妍妍平时很懂事听话，对什么事情都很擅长，也很积极，不仅懂得分享、待客周到，还知道照顾弟弟……但就是对学习不感兴趣，一提到学习就拖沓、烦躁。不管妈妈怎么动之以情、晓之以理，就是不管用。最后，妈妈只能以“家长”的身份，强制让妍妍学习，虽然她开始学习了，但极其不情愿，甚至到了一学习就哭的程度。

妍妍妈妈十分着急。

蒙氏解析

畏难情绪

随着年级升高，学习难度逐渐增加，孩子缺乏面对“困难”的勇气，没有解决“困难”的信心，而且不愿意付出努力和劳动，总是回避困难；孩子缺乏自信和勇气，认为自己做不到，害怕失败。

缺乏学习动力

家庭氛围不和谐，或者家长过于溺爱孩子，使得他缺乏内部的学习动力。第一种情况是，很多孩子也希望自己能够学好，但是天天看爸爸妈妈因为一点小事争吵，不关注自己，即便自己学习努力，他们也不在乎；第二种情况是，家长太爱孩子，孩子觉得即便不学习，想干什么就干什么，父母也不会责怪自己，甚至还会支持自己；孩子会想：学习这么辛苦，为什么还要学习呢。

找不到学习的乐趣

乐趣能给人带来愉快的感觉，孩子更容易被乐趣驱使，让自己不断去重复这种体验，从而得到源源不断的快乐。孩子在学习伊始，还是有一定的兴趣的，但过重的学习任务、父母的不断干涉和强迫、父母的指责与惩罚，等等，都让孩子在学习的过程中失去兴趣。

家长过于关注成绩

家长对孩子期望值过高，过度关注成绩，加之学习内容越来越难，使得孩子精神压力越来越大。为了逃避压力，孩子会选择从其他事情上获得满足感和认同感，而且做这些事情也不会有成绩方面的考量，心情会轻松很多。

蒙氏早教培养游戏

滚动的苹果

适宜年龄：0~2 岁　　用具准备：一个红苹果

练习方法：1. 协助孩子俯卧在床上，双臂弯曲于胸前。拿一个红苹果放在孩子面前，让他看看、摸摸、闻闻，吸引其注意。2. 家长轻轻把苹果向远处推，让它滚动起来，吸引孩子抬头，并用目光追随苹果。3. 在孩子不会爬时，不要把苹果推得太远，否则孩子容易因产生挫败感而放弃游戏，要让孩子伸手就能够拿到。4. 游戏中孩子需要一点点接近目标，这样做能够锻炼孩子的意志力和耐心。

从长到短

适宜年龄：2~3 岁　　用具准备：三支不同长度的笔

练习方法：1. 家长让孩子找出最长的笔、最短的笔，以及那支中等长度的笔。2. 家长让孩子拿出最长的笔放一边，接着拿出中等长度的笔，最后拿出最短的那支。3. 让宝宝按照从短到长的顺序排列。4. 宝宝可以熟练排序时，家长可以适当增加笔的数量。

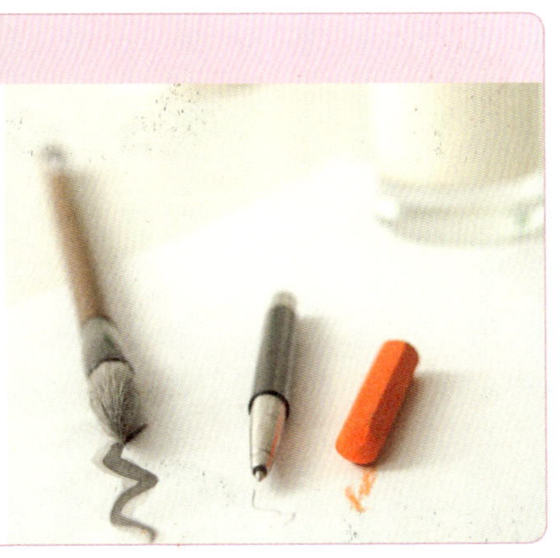

建房子

适宜年龄：2~3 岁　　用具准备：积木，奖励表格

练习方法：1. 家长与孩子一起坐在地板上，将一些积木放在面前。2. 让孩子用 3~4 块积木搭建一座简单的建筑物。3. 孩子成功之后，在奖励表格上面写上积木的数量，并在后面画上一面小红旗，奖励孩子的成功。4. 为孩子确立新的目标，比如，搭建 6~8 块积木的房子，孩子成功后，为新的目标实现画上小红旗。5. 让孩子获得坚持下去的动力，以此培养孩子持久的行动力。

让孩子在游戏中学习知识，能够增加趣味性，让孩子产生兴趣。

学认数字

适宜年龄：2~3 岁
用具准备：0~9 的数字卡片

练习方法：1. 家长把数字卡片按照顺序放在孩子面前，对孩子说："今天，我们来认识数字 0~9，看看它们都像什么。"2. 家长可以和孩子讨论一下，数字都长得像什么，然后再教孩子说儿歌。让孩子一边说儿歌，一边在数字卡片上学认数字。3. 还可以把数字卡片和一些其他的彩色卡片夹在字典中让孩子把数字卡片全部找出来，然后按照顺序排列起来。

数字像什么

0 像鸡蛋做蛋糕；1 像粉笔细长条；
2 像小鸭嘎嘎叫；3 像耳朵听声响；
4 像小旗空中飘；5 像小钩钓鱼去；
6 像豆芽咧嘴笑；7 像镰刀割青草；
8 像麻花两个圈；9 像勺子吃饭好。

认识水果

适宜年龄：2~3 岁
用具准备：水果卡片

练习方法：1. 准备各种水果卡片，比如苹果、橙子、草莓、西瓜、桃子等。2. 妈妈和孩子面对面坐在桌子两边，将水果卡片放在桌面上。3. 妈妈问孩子："你认识什么水果？喜欢吃什么水果？"由孩子指认水果卡片，并说出水果的名称，只有在孩子正确说出水果名称时，妈妈才能把相应卡片给孩子。4. 让孩子感受学习知识的乐趣，从而喜欢上学习。

看图片，识汉字

适宜年龄：3 岁以上

用具准备：动物、植物等带文字的卡片

练习方法： 1. 家长拿出孩子熟悉的猫、狗、花等卡片，让孩子看，并指着文字告诉孩子“猫”“狗”“花”等。2. 等孩子熟悉后，家长可以拿着卡片问孩子这是什么，让孩子说出名称。3. 随着孩子年龄增长，家长可以将图片和文字拆开，让孩子练习图片与文字配对，以此提升孩子学习的兴趣，同时养成孩子不怕困难、勇于接受挑战的好品质。

猫捉老鼠

适宜年龄：3 岁以上　　用具准备：无

练习方法： 1. 家长先把手放在背后，边念下面的儿歌，边做手指游戏。

5 只小老鼠出去玩（把手从背后伸到前面）。
沿着小路去打食（假装把食物放进嘴里）。
小猫跳出来，这猫膘肥体壮、油光滑亮（举起手，模仿猫爪子的动作）。
4 只小老鼠哧溜一声跑回来。

2. 重复这个游戏，每次都减少“跑回来”的老鼠的只数。3. 当老鼠的只数变成“1”时，家长说完“小猫跳出来，这猫膘肥体壮、油光滑亮”后，稍微停一下，然后急速地说：“这只老鼠逃走了，你说怎么办？”4. 重复这个游戏，鼓励孩子一起做动作。培养孩子坚持不懈、不怕困难的好习惯。

父母可以这样做

不喜欢学习，是许多孩子都存在的问题，甚至一些孩子不学习还没事，一让他学习就头痛、肚子疼、哭闹，遇到这种情况，父母很头痛。父母其实不必过于着急、上火，可以通过以下几种方法引导孩子爱上学习。

让孩子学会疏导情绪

孩子年龄小，不懂得控制自己的情绪，当自己不想学习却被父母要求学习时，难免产生负面情绪，甚至哭闹不止。此时，父母如果没有引导孩子了解、疏导自己的情绪，而是直接打骂、强制要求学习，那么不但解决不了孩子不喜欢学习的问题，还会加剧孩子厌烦的情绪。父母可以先安抚孩子情绪，让他发泄出来，再让孩子表达出自己的想法，表示理解和包容，然后再一起想办法解决，表明自己跟孩子是站在同一条战线上的。

养成孩子不怕困难的好习惯

学习是无止境的，而且学习的内容会越来越难，学习是一个不断遇到困难、解决困难的过程。可以在适当的时候，告诉孩子在面对困难时该如何解决，比如，今天碰到一个难题，可以去请教老师；逃避是没有用的，要迎难而上，克服它。

营造宽松的学习氛围

爱玩是孩子的天性，父母应该接受这样的现实。家长在教孩子时应多鼓励少批评，尤其要注意避免消极导向的言论，以免给孩子的心理造成负面影响。在指导孩子时需要控制自己的情绪，如果愤怒情绪难以控制，可以暂时先离开现场。

另外，不要把自己的意愿强加在孩子身上，也不要以“这是为孩子好”为借口，不征求孩子的意见，这不仅会给孩子带来压力，而且会让孩子失去学习自主性，对学习产生厌烦情绪，从此不爱学习。所以，家长要营造宽松的学习氛围，尊重孩子的意愿，让孩子主动学习。

父母不要这样做

- ✗ 认为孩子学习不好，就什么都不好
- ✗ 每天把孩子“不务正业”挂在嘴边

经常赞美孩子

父母不要吝惜对孩子的赞美，可以根据孩子的实际情况制订学习计划，善于发现孩子的进步，比如，今天主动去学习，能够专心读书五分钟，等等，看到这些要及时给予鼓励。而且父母要善于发现孩子身上的长处，比如，孩子待人接物方面表现很好，很懂事，让孩子意识到自己也有优秀的一面。

此外，注意不要随便拿孩子的缺点和其他孩子的优点比较，比如，经常说：“你看 xx 多喜欢学习，每天什么都不做，就喜欢学习，不像你就爱干些别的，一点儿都不学习，真愁人，让人烦。”时间长了，会让孩子产生自卑心理，感觉自己什么都不如别人，还会引起孩子反感，破坏亲子关系。

成绩不是唯一的评判标准，一个健康、阳光、积极、善良的孩子比成绩好的孩子更可贵。经常赞美孩子，能够增强孩子的自信心，鼓励和赞美是孩子成功的动力，一个人的成功是离不开赞美的，如果没有鼓励和赞美，孩子就会失落自尊心受到伤害，失去完成目标的动力。不过父母也要注意，父母赞美的话语要发自内心，这样这些赞美的话语才能发挥它们的作用。

做孩子的知心朋友

父母要耐心疏导，以诚相待，做孩子的知心朋友。要用以理服人的态度和孩子沟通，同时保持良好的情绪，营造和谐的沟通氛围，这样孩子才愿意把自己真实的想法讲出来，家长了解了孩子不学习的原因，才能“对症治疗”。切记不可用高高在上的姿态责备孩子，天天把“好好学习”，以及自己为孩子付出非常多、多么辛苦挂在嘴边，这在无形中会增加孩子的学习压力。压力过大，孩子承受不住，就会变得越来越不爱学习。

引导孩子分清主次

在有几件事需要同时做的情况下，父母要引导孩子分清主次，先完成主要的（比如，做作业），再完成次要的（比如，颠球练习、跳绳等）。同时，也不能让孩子养成拖拉的坏习惯，要让他学会在规定时间内完成任务。

✗ 经常与其他孩子比较学习成绩

✗ 不学习就体罚孩子，不让吃饭或不让做其他事情

孩子没有预习和复习的习惯

磊磊上小学了，老师说他很聪明，讲的内容他一听就懂，一点就透。可是，妈妈知道磊磊到现在也没有养成课前预习、课后复习的好习惯，说他也不听，他总说："老师讲的我都能明白，还预习、复习做什么，不是浪费时间吗！"妈妈知道现在功课比较轻松，不预习、不复习也能应对，以后功课越来越难，不预习听不懂、不复习记不住，那时该怎么办呢？

蒙氏解析

时间不够

在学习过程中，预习、复习是很重要的，但因为作业过多，写完作业已经很晚了，严重挤压了预习和复习的时间，导致孩子根本没有时间去预习和复习了。

没有认识到预习和复习的重要性

有很多孩子不愿预习和复习，很可能是因为他不知道预习和复习的重要性，也不知道跟自己的学习有什么关系。

还有一些孩子觉得预习和复习特别浪费时间，只要上课听老师讲就可以了。

不利的学习环境

电视声音放得太大，家长打电话声音大，楼里有弹琴、吵架等声音；桌子上有漫画、零食等，这些都会导致孩子分心。

贪玩

孩子天生爱玩，这是可以理解的，孩子觉得每天放学后的时间只有那么一点，还要做作业，玩的时间根本不够，哪还有时间预习和复习呢，而且这也不是老师要求的，因此，觉得没有必要去做。

培养意志力很重要

孩子突发奇想决定预习或复习其实很常见，但难的是坚持每天这样做，因此培养孩子的意志力很重要。可以通过游戏的方式来培养孩子的意志力。

不同年龄段的意志力：

2~3 岁，已经出现意志力，但总体上看，3 岁左右的孩子意志力发展水平是很低的，3 岁之前的孩子很容易放弃有难度的活动。

4~5 岁，意志力水平获得了很大的发展，更愿意坚持做好每一项活动。

因此，分析孩子行为时，应该把孩子生理和心理发展联系起来，不能一概而论，更不能一味地苛责，而是要根据孩子的年龄与能力，帮助他逐步培养能够坚持做好一件事的意志力。

蒙氏早教培养游戏

制作沙数字板

适宜年龄：2~3 岁

用具准备：沙子，双面胶，数字板，长方形纸

练习方法：1. 家长准备一组数字板，教孩子认识 0~9 的数字。2. 准备一些长方形纸，家长再用双面胶分别剪成 0~9 的数字。3. 家长将双面胶数字的一面贴在长方形纸上，带孩子一起将双面胶的另一面分别撕下来，并用沙子轻轻粘贴在纸表面，形成 0~9 的沙数字板。4. 让孩子再次认识 0~9 的数字，并用手指根据沙子的指引触摸、临摹 0~9 的数字。5. 反复让孩子进行触摸、临摹活动，养成复习的好习惯。

整理学习用品

适宜年龄：3~6 岁　　　　用具准备：孩子的学习用品

练习方法：1. 给孩子属于自己的学习用品，并帮助他学会整理和摆放。2. 让孩子了解学习用品的分类及用途，有助于孩子按照用具的功能进行整理和分类。3. 给孩子制订学习计划，有规律、有目的地安排各项学习，让孩子用自己整理后的学习用品学习，他会更有成就感。

我是小老师

适宜年龄：5 岁以上　　　　用具准备：马克笔，白板

练习方法：1. 提议由孩子当老师，家长来当学生，让孩子讲一讲今天（或前几天）学习了哪些字、词，并用笔写在白板上，达到复习的目的。2. 当孩子模仿老师向家长提问时，家长要积极回应，并说："感谢老师。"3. 当孩子说下课后，家长可以提出"小老师"下一节课的内容可要提前准备的问题，孩子为了当好老师会提前学习，从而培养孩子预习的好习惯。

父母可以这样做

孩子学习知识时，预习、复习能够更好地提高学习效率，还能够加深孩子对知识的理解与掌握，但有些孩子确实不善于预习、复习。为了帮助孩子更好地预习、复习，从心理和行动上接受这种学习的方式，父母应该怎么做呢？

预习和复习不宜太复杂

孩子学习内容较简单时，其实不需要预习和复习也能记住。此时预习和复习，只是为了培养良好的学习习惯。因此，布置预习和复习的任务时不宜太复杂。预习和复习不等同于学习，在预习和复习上花太长时间，会让孩子觉得自己已经学过了，导致在正式学习时不认真。预习和复习时，不需要每个知识点都覆盖到。预习时了解要学什么，复习时回忆知识框架即可。

鼓励孩子及时预习和复习

家长可以通过多种方式来鼓励孩子及时预习和复习。比如，在学习新知识时，给孩子设立一定的预习任务，定期给予一定的奖励（可以是一顿丰盛的大餐，一个孩子心仪已久的玩具等），让孩子体会预习的好处；在复习时，可以把复习融入一些游戏、竞赛中，让孩子在游戏里愉快地复习知识。

带孩子一同预习和复习

父母可以陪伴孩子一同预习、复习，比如，拿到新教材后，和孩子一起翻看，看一看章节名、正文标题、插图内容，引起孩子对学习内容的好奇心。或者在假期时，拿起学过的教材，和孩子相互提问，玩“考考你”的游戏。坚持一两个月后，孩子如果感受到了学习方面的进步，并得到家长的夸赞和表扬，尝到了“甜头”，自然会喜欢每次的预习和复习了。这是良好习惯的培养过程，如果让孩子单独做，可能没有那么容易坚持下来，家长应当坚持陪伴。

注意：预习、复习时间每天 20~30 分钟即可，如果内容较多，可按实际情况进行调整。

父母不要这样做

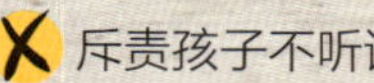

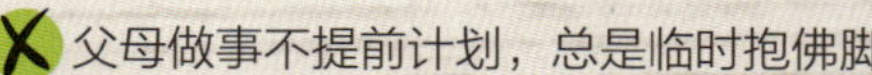

根据孩子实际情况制订预习、复习方案

家长可以根据孩子的学习水平，为孩子量身定制学习方案，从简单的基础知识开始，一步步积累，以积少成多的方式帮助孩子完成预习、复习。同时，家长可以给予孩子适当的考试指导，指导孩子如何结合考试内容来复习，这样能够帮助孩子更好地掌握知识。

家长可以引导孩子用有效的预习和复习方法，以便更好地预习和复习，结合实际情况给孩子一些科学的复习预习方法，比如，在预习时先把课文读2遍，圈出不明白的地方，上课时重点听老师讲解。上课时，孩子精力有限，重点听不会的地方，更容易理解老师所讲的内容。复习时，让孩子来归纳总结，把知识点串起来，进一步巩固知识点，加深印象。

预习能够让听课变得更轻松，人也会更自信。通过课堂预习，能够知道哪些地方不懂，哪些地方是重点，这样就能够知道哪些地方应该重点去听，听课效率会提升很多，而且自己也不会那么累。

复习能够巩固成果，让学习内容掌握得更扎实，还能够温故知新，受到新的启发，达到举一反三的效果。

引导孩子重视预习和复习

家长要善于引导孩子建立“凡事预则立，不预则废”的思想意识，让孩子了解课前不预习，就像是战士上战场不带枪一样，不带武器去“战斗”，胜利的概率会大大降低。

让孩子了解复习是非常必要且重要的。复习能够让学到的知识记得更牢固，还能获得新的启发。因此，在学习知识时，引导孩子重视预习、复习可以更好地提高孩子的学习效率，加深对知识的理解和记忆。

杜绝“一言堂”

家长应当和孩子及时沟通，共同讨论怎样预习、复习会比较有效，并和孩子一起发现、解决问题，有效提升孩子的学习兴趣；如果预习、复习负担过重，会对孩子的身心健康造成不利影响，此时家长要多关注孩子身心状态，及时调节，给予孩子心理上的支持。

✗ 用越来越丰厚的物质奖励孩子预习、复习

✗ 孩子只要不复习，家长就会唠叨个没完

第五章
建立人际依恋关系，孩子自立不叛逆

人类的生存必须依赖社会，年幼的孩子具有一种自然赋予的神奇力量，通过对环境信息的吸收、内化、互动，最终推动自身社会化能力的形成和发展，而其中重要的环节包括与父母亲人的依恋关系、同伴关系，等等。当孩子与父母亲人建立起良好的依恋关系后，其会获得安全感、满足感，也能更好地适应并融入社会。

孩子总说“妈妈做”

楠楠妈妈最近意识到一个问题，那就是楠楠无论遇到什么事情都特别喜欢说“我不会，妈妈帮我做”，哪怕是在妈妈看来楠楠肯定自己会做的事，他也会叫妈妈帮着，比如，看到面前有个盒子，非要妈妈帮忙打开；拿来一本书必须要妈妈帮着翻……如果妈妈不照着做，他就崩溃大哭。

蒙氏解析

对父母依赖性太强

在现实生活中，经常可以看到一些孩子很爱缠着父母，父母到哪里他就要跟到哪里，寸步不离。这一类孩子往往以弱者的姿态出现，仿佛正在遭受痛苦。这个时候，他们几乎对任何东西都无法满意，老是显得无精打采和心不在焉，还喜欢抱怨所有的东西，喜欢哀求父母顺从他们的心意。他们依赖父母，似乎与父母捆绑在一起。他们经常让父母帮助自己，而自己却很少尝试着去做。他们喜欢哀求父母跟他们一起玩，给他们讲故事，唱歌给他们听，父母如果不这样做，他们就会哭闹。就这样，父母成了孩子的“奴隶”。

缺乏安全感

父母的忽视、缺少陪伴，会导致孩子缺乏安全感，从而过度依赖父母。

如果孩子与父母没有建立起良性的亲子关系，也会导致孩子变得焦虑。

表达自己对妈妈的爱

孩子虽然还小，但他知道身边一直有人在保护自己、照顾自己，因此，他会用黏人的方式来表达对妈妈的爱。孩子的这种行为是一种天生的依恋行为，因为还在胎儿时期，妈妈就会经常和他进行沟通交流，出生后孩子自然会对妈妈有依恋。

过于宠爱孩子

在很多场合下都可以看到现在的父母对于自家孩子的溺爱，不舍得孩子做这个做那个。父母的溺爱会让孩子以为很多事情就该父母来做，自己完全不需要动手，因此孩子的动手能力和独立性也就得不到锻炼了。

蒙氏早教培养游戏

他们在干什么

适宜年龄：2~3 岁
用具准备：画有小朋友生活场景的图片

练习方法：1. 妈妈模仿一个洗脸的动作，让孩子猜这是在干什么，并鼓励孩子用完整的一句话说出来，比如，“妈妈正在洗脸。”2. 跟孩子一起翻看画有小朋友生活场景的图片：穿衣服、洗脸、刷牙、吃饭、踢球、看书、打电话、睡觉，并按照每天的生活顺序摆放。3. 从第一张图片开始，拿起来问孩子：“早上起来第一件事是做什么？”然后指导孩子用一句话把图片大意说出来。4. 按照顺序往后说，可以提醒孩子对照图片，回忆自己一天的生活，并说出来，同时，让孩子在日常生活中尽量自己做这些事情，培养他的独立性。

孩子学洗脸

适宜年龄：2 岁以上
用具准备：毛巾，香皂，脸盆

练习方法：1. 家长先为孩子示范洗脸的方法。2. 鼓励孩子尝试自己洗脸：“今天妈妈（或爸爸）和你比赛，看看谁能把脸洗得干干净净的。”3. 给孩子一条毛巾，家长一步步示范动作，刚开始不要太快，让孩子跟得上节奏。4. 当孩子自己洗完脸后，家长给予鼓励，赞赏地说：“宝宝会自己洗脸了，真棒！”

让孩子记住爸爸或妈妈的电话号码，以应对意外情况。

自己睡

适宜年龄：3 岁以上

用具准备：玩具抱枕，夜灯

练习方法：1. 在孩子的房间安装一盏又小又暗的夜灯，彻夜长明。2. 帮孩子铺好床，给孩子一个抱枕，让孩子自己睡觉。3. 如果孩子觉得害怕，可以给孩子讲“守护仙女”“床头婆婆”的故事，让虚构的善良天使来陪伴孩子。4. 待孩子情绪稳定了，给孩子一个拥抱或者晚安吻，让孩子自己睡。

怎么找到妈妈

适宜年龄：3 岁以上

用具准备：苹果

练习方法：1. 妈妈带孩子一起去逛商店，商店里的人很多。2. 这时候，妈妈要停下来问孩子：“如果你和妈妈在商店里走散了，该怎么做才能找到妈妈呢？”让孩子想一想，看孩子能想出哪些办法。最后妈妈告诉孩子要独立思考问题。3. 另外，在家里的时候也要让孩子学会独立解决事情，比如，孩子想吃苹果，可是苹果放到柜子上，够不到，家长先不要帮孩子拿下来，让孩子自己想想怎么办，并把想法告诉家长。

走散如何自救

- 拨打报警电话 110。
- 站在原地等待家长。
- 找穿制服的叔叔、阿姨或者带孩子的家长帮忙。

跟我往下跳

适宜年龄：3 岁以上　　用具准备：一段台阶

练习方法： 1. 寻找一段低矮的台阶，高度不超过 20 厘米，确保台阶下地面平整，没有凸起物。2. 家长让孩子认真观察自己的动作，然后双脚一起跳下台阶。3. 鼓励孩子一起跳。4. 在游戏过程中一定要注意安全。

勇敢的侦察兵

适宜年龄：4~6 岁

用具准备：一些容易藏起来的小物品，手电筒

练习方法： 1. 天黑之后，家长和孩子一起来确定侦察的小物品，比如，娃娃、球、衣服、盒子等。2. 让孩子当侦察兵，拿着手电筒离开这个房间；家长把被侦察的物品分别藏在各处。3. 藏好后，关上房间的灯，让侦察兵拿着手电筒进来，寻找被藏好的物品。4. 孩子找到被藏好的物品，家长可以拥抱或者亲吻孩子作为奖励。5. 初玩时，东西要藏得容易找一点，熟练后再逐渐增加难度。

与妈妈玩智力游戏

适宜年龄：4 岁以上　　用具准备：无

练习方法： 1. 妈妈可以找出一个主题或者难题，让孩子想出多种方法解答。2. 问题可以是：小白兔不小心掉进猎人为抓大灰狼而设的陷阱里了，它该怎么办呀？人在什么情况下容易生气？引发孩子进行发散性思考，并提出解决问题的多种方法。3. 在做游戏时，妈妈不要滥加指责与批评。孩子的答案越奇怪越新鲜越好，数量越多越好，想的办法越实用越好，这样可以使孩子认识到解决问题的途径是多种多样的。这不但能增强孩子的自信心，也能培养孩子的发散性思维。

父母可以这样做

很多家长太心疼孩子，不愿让孩子从小受苦受累，导致孩子什么事都让别人做，养成了依赖他人、不努力做事的习惯，这样并不利于孩子的身心健康，同时还会阻碍孩子的成长与人际交往。那么家长怎样做才能够让孩子养成愿意自己动手、独立做事的好习惯呢？

增加孩子对其他人的信任感

妈妈应该放手让孩子和其他家人接触，让孩子和他们都建立起深厚的信任感。很多妈妈对其他人带孩子不放心，比如，爸爸主动说要带孩子看书，妈妈可能会讲：“你读得没感情，还是我读更好些。”这样的行为渐渐就会封闭孩子和其他人的沟通渠道。妈妈应该放手让其他家人参与孩子的生活，从而建立起深厚的感情。

把选择权给孩子

家长应该尊重孩子，给他自主选择的权利，让孩子在自己的选择中主动尝试，不断磨炼克服困难、战胜困难的顽强意志，养成遇事冷静、有主见的良好心理素质。家长可以让孩子自己选择穿什么样的衣服、什么颜色的鞋子，等孩子上学后，让他自己决定上什么兴趣班，孩子也会很开心能自己做决定。

让孩子学会独立思考

在孩子玩游戏或做其他事情时，家长要保持安静，让孩子自己去思考该如何解决遇到的问题。当孩子有问题并提出来时，家长再回答及提供一定的帮助。原则是坚决不能什么事都替孩子做，要让他经历自己思考、自己动手的过程。

培养孩子独立思考的能力还可以尝试主动对孩子提问。家长可以和孩子就问题进行讨论，引导孩子思考，从新颖的角度出发、勇于提出自己的见解。鼓励孩子发表意见，这样能锻炼孩子的思考能力，他向别人表达时也是一个思考的过程。孩子发表意见后，不要急于否定孩子的想法，要多多鼓励孩子。

父母不要这样做 ✗ 指责孩子胆小怕事，什么都不敢做 ✗ 无条件满足孩子所有要求

学会适时放手

根据孩子的年龄段，让他学会做一些力所能及的事情，比如，叠衣服、拿碗筷、收拾玩具、自己穿衣、洗漱等。只有父母适时放手，不过分宠溺孩子，孩子才能获得做事的机会，获得自理能力以及独立解决问题的能力。但是，放手不代表什么都不管，而是要注重循序渐进，否则孩子容易产生挫败感，反而会对家长产生更强的依赖性。

切记不可为了显示自己是一位合格的家长，就什么事都替孩子做，这样会让孩子感觉自己是一个没用的人，让孩子只顾自己玩耍，不去学习和做任何事情，从而形成强烈的依赖感，对将来适应社会产生不良影响。家长应该给孩子属于他自己的空间，孩子当然喜欢生活在母亲的“怀抱”里，但是他不能永远这样。

做父母的，应根据孩子自身的特点和能力，扩大孩子自由活动的空间，比如鼓励他自己找朋友玩，让他在这个空间里自己当主人。给孩子条件，让他自己去锻炼。困难往往能给人历练，所以家长应给孩子适度困难的任务，鼓励孩子自己完成，完成后要及时夸奖孩子，让孩子感受到自己的优秀。

让孩子学会承担责任

一些家长在孩子犯错时，选择包庇、纵容，甚至帮着孩子逃避责任，其实这种做法对孩子成长极为不利。尤其是父母，千万不要忽视孩子犯的小错误，否则会让孩子变得毫无责任心，甚至更加依赖父母，认为犯错没什么，反正有爸爸妈妈在。如果家长养成了对孩子的大事小事什么都操心的习惯，结果会导致家长一不在场，孩子就会错误百出。培养孩子的责任心可以这样做，比如，全家出游时，让孩子带上自己的用品；过生日时，让孩子插蜡烛、分蛋糕等。

鼓励孩子独立探索

孩子其实都是乐于探索的，成人的包办和代办可能会阻碍孩子探究的过程，这样的行为剥夺了孩子主动探索的机会，家长应该鼓励孩子独立探索，必要时再给予帮助，这有利于培养孩子的独立意识。

✗ 孩子一哭就服软　✗ 过度保护孩子，什么都替他做　✗ 让孩子过早独立

孩子和父母不亲

诺诺已经 4 岁多了，出生后不久就被送到爷爷奶奶家，是爷爷奶奶一手带大的。可能是觉得亏欠女儿，爸爸妈妈给女儿买了很多高档的玩具、漂亮的衣服。可诺诺的脾气非常坏，经常对着家人大吵大闹，稍不顺心就满地打滚，和爸爸妈妈也不亲。

诺诺还有一个怪毛病，睡觉时必须抱着她专属的小毛巾被，还要把毛巾被的一角含在嘴里才能入睡。一次，诺诺的妈妈尝试着把毛巾被拿开，结果她大发脾气，又哭又闹，最终还是挂着眼泪、含着毛巾被的一角进入了梦乡……

蒙氏解析

缺乏关爱，长时间分离

现在很多家庭，因为现实条件的限制，孩子被养在爷爷奶奶或姥姥姥爷家，和父母一年见不了一两次。孩子自然和父母不亲近，甚至还会觉得陌生。

另外，还有一种情况是父母生了弟弟妹妹，没时间、精力关心老大，导致亲子关系变差。

0~3 岁——情感抚养敏感期

0~3 岁是情感抚养敏感期，如果此时主要养育人发生了变化，那么孩子和养育人的情感连接也会发生转变。例如，将孩子放到爷爷奶奶家，孩子会变得更加依赖老人，对父母则变得陌生，甚至还会认为父母不爱自己。

父母过于强势、严厉

父母对孩子过于强势，没有耐心，孩子的一切都要由父母一手掌控，很容易激起孩子的逆反心理。虽然父母心里是为孩子好，但结果却伤害了孩子。如果孩子感受不到父母的尊重，很容易用无视和逃避的方式解决问题。

父母在孩子犯错时总是训斥，会让孩子在父母面前没有安全感，害怕、不愿亲近。

父母关系不好

家庭氛围是会影响亲子关系的，父母关系不好，经常吵架，会导致孩子产生恐惧，不愿意靠近他们，还可能导致孩子长大后自卑，畏惧他人，不愿意别人走进自己的内心。一个内心世界连父母都不愿让进去的孩子，将来的社交能力肯定会受影响。

蒙氏早教培养游戏

摸摸妈妈的脸

适宜年龄：0~1 岁　　用具准备：无

练习方法： 1. 刚睡醒的孩子稍稍有些不安，当看到妈妈的脸时会感觉很安全。这时妈妈握着孩子的手摸妈妈的脸，也可以用孩子的脚碰妈妈的脸，并说：“宝宝摸摸，这是妈妈的脸。” 2. 让孩子认识妈妈脸的同时，也教他认识五官：“妈妈的鼻子高高的、眼睛大大的。” 3. 妈妈将孩子抱在怀里，一边抚摸孩子的手、脚，一边对他说：“啊，好可爱的小手、小脚，妈妈好喜欢呀！”

欢乐亲子列车

适宜年龄：1~2 岁　　用具准备：自制纸板红绿灯

练习方法： 1. 爸爸和孩子一前一后站好，孩子拉着爸爸的衣服，爸爸作“车头”，孩子作“司机”，然后由“车头”领着走，边走边教孩子学火车“轰隆隆”地响。2. 用两种颜色的纸板代表“红灯”“绿灯”。妈妈举起“红灯”说：“停车，让我们休息一下吧！”“火车”停下来；妈妈举起“绿灯”说：“绿灯了，火车可以开动了！”“火车”开始走。

一起“烙烧饼”

适宜年龄：1~2 岁　　用具准备：无

练习方法： 1. 让孩子躺到床上，妈妈把双手分别放在臀部和颈部，边念儿歌，边给孩子翻身。

烙、烙、烙烧饼，烙出一个大烧饼，
翻、翻、翻烧饼，翻了一下又一下，
呦！烧饼烙熟了，烧饼香喷喷。

2. 念儿歌时，有节奏、慢慢地给孩子翻身，当儿歌说到最后一句，妈妈要用力亲在孩子的后背上、肚子上、小胸脯上等，逗笑孩子。

举高高

适宜年龄：2~3岁　　用具准备：无

练习方法：1. 爸爸用双手扶着孩子腋下，举高，停留一会儿，并说："孩子看到什么了？会不会觉得自己很高呀？你比爸爸还高！"2. 爸爸举着孩子朝前走几步，再慢慢放下来。爸爸举着孩子慢慢上下，或者举着孩子一颠一颠地走，使孩子体位发生变动或经历一些颠簸。3. 爸爸在和稍大的孩子玩举高高时，可以让孩子在空中停留一下，然后对孩子说："孩子注意了，我们一起转个圈。"爸爸缓慢地在原地转个圈，让孩子感受变化。

听声音辨亲人

适宜年龄：2岁以上　　用具准备：椅子

练习方法：1. 家人围坐一圈，家庭成员越多越好，可以在家庭聚会时玩此游戏。2. 妈妈坐在椅子上，孩子趴在妈妈的腿上。请其中一位家庭成员来到孩子的身边，一边轻轻地拍孩子的后背，一边说："你好！"请孩子通过声音来分辨家庭成员，如果孩子猜对了，大家一起鼓掌鼓励，如果猜错了，请孩子随意模仿一个小动物的叫声。3. 游戏可以反复进行，充满情趣。等到孩子熟悉游戏之后，个别家庭成员可以适当地变声，增加游戏的难度，观察孩子能否分辨出来。4. 此游戏能够增进孩子和家人的感情，促进其社会行为的发展。

做孝敬长辈的可人儿

适宜年龄：2 岁半以上　　用具准备：无

练习方法：1. 妈妈为孩子念一首儿歌。

妈妈回到家，上班辛苦啦，我为妈妈拿拖鞋，妈妈歇歇吧！

奶奶年纪大，腰酸背又疼，我给奶奶捶捶背，奶奶不疼啦！

爷爷在种花，我送小板凳，再帮爷爷浇浇水，爷爷不累啦！

爸爸爱看书，我来把书拿，书架上面书真多，拿来送爸爸！

全家爱宝宝，宝宝爱全家，从小学会爱，全家笑哈哈！

2. 同时让孩子学着儿歌里的内容，为家人做力所能及的事情。3. 当孩子出现孝敬行为时，要对孩子表达感谢。

和朋友一起跳绳

适宜年龄：6 岁以上　　用具准备：跳绳

练习方法：1. 让孩子与小朋友们一起玩跳绳游戏。参赛的小朋友可以是 6 个或 6 个以上，但必须是偶数。2. 首先把小朋友们分成两组。由一组中的 1 个小朋友率先荡绳跳起来，这时，随着节奏，加入 1 个小朋友与他一起跳，如果这时绳子没有停下来，还可以再加入 1 个，以此类推。添加的人数越多，说明配合得越好，如果跳绳停下，则游戏结束。3. 两组比赛成绩以跳绳过程中添加的人数多者取胜。4. 在跳绳游戏中，孩子可以与小朋友们增进感情，不会感到孤独，也利于社会化发展。

父母可以这样做

与父母建立的亲子依恋关系是孩子人生中最早体验到的关系，同时也是非常重要的关系。丰富的物质刺激并不是真正的爱，坏脾气、恋物癖都是孩子缺乏爱、依恋和安全感的外在表现。按照以下方式做能够让孩子学习到如何处理自己的各种冲动，使得他与他人的交往变得更融洽、和谐。

尽量不缺席孩子成长的关键期——0~6岁

0~6岁，是父母和孩子建立起彼此安全感、归属感和自我价值感的关键时期，父母在这个时期，尽量不要把孩子“丢弃”。

许多父母总以给孩子更好的物质条件为由，将孩子安置在老家，让长辈照看。但很多孩子不怕物质条件差，更不怕吃苦，因为在他们的内心，没有什么比父母在身边更令人感到幸福和安心。

每天抽出固定时间陪孩子聊天

无论是在家里还是因为工作原因出差了，每天晚上尽量抽出时间陪孩子聊天。如果出差了，可以给孩子打电话。家长可以引导孩子讲一讲对某件事的看法，或者引导孩子聊一聊今天发生的趣事，如果没有什么有趣的事，聊一聊今天吃的什么、过得怎么样也是个不错的选择。

时常表达自己对孩子的爱

很多家长不擅长向孩子表达自己的感受，他们对孩子的爱表现在一些小事上，比如，妈妈不舍得给自己买一条心仪已久的裙子，为的就是省下钱给女儿买一套乐高；给孩子买进口牛奶，骗孩子说自己不喜欢喝牛奶等。

但是家长不说出来，孩子是不知道的，因此，要直接地告诉孩子，妈妈（或爸爸）永远爱你，让孩子感到有安全感。无论什么时候，家永远是孩子的避风港。要经常表达对孩子的爱，表达的方式也各不相同，比如，可以亲吻孩子的脸颊、给孩子大大的拥抱，也可以直接告诉孩子“爸爸妈妈很爱你”。

父母不要这样做

- ✗ 用物质“弥补”对孩子的亏欠
- ✗ 斥责孩子是“白眼狼”，不知感恩

多和孩子玩亲子、社会性游戏

多和孩子玩角色游戏，分别扮演医生、教师、清洁工等，让孩子通过角色扮演了解社会规则，学习社会行为，体会社会性情感，强化社会化行为。

引导孩子尝试走向社会，认识社会，融入社会，带孩子参观各行各业人们的劳动，比如到超市、公园、银行、菜市场、社区文化站等地方参观，培养孩子热爱劳动、尊重劳动成果的情感等。

在实际生活中对孩子进行以自觉帮助他人为目的的亲社会行为：尊敬师长、孝敬长辈、关心他人、对人谦让，给老人让座、扶盲人过马路等，带孩子参加环保、献爱心等社会活动，促进孩子社会化的良性发展。

良好的亲子关系利于孩子更好地融入社会。为了让孩子将来能够顺畅、自然地融入社会，并且一生成长得自在快乐，家长首先要做的是，和孩子建立良好的依恋关系，为孩子提供系统的品德教育环境，规范自己的言行，为孩子做好表率。同时丰富孩子人际关系的生活经验，培养孩子平和地与人交往、沟通的能力。让孩子在认识自我、建构自我的过程中了解、认识社会，最终融入、适应社会。

父母做好榜样

父母要成为遵守社会行为规范的楷模，对自己不符合社会道德、风俗、习惯、礼节的行为要加以调控。不说违背社会公德的话，不做违背社会法纪的事，这对孩子学习社会行为规范起着重要的榜样作用。

此外，父母要以正确的交往态度和方式与人交往，使孩子在父母的交往活动中逐步学习和掌握与人交往的行为准则，发展孩子与同伴间的交往关系，为孩子创设交换、分享、交往、“大带小（大孩子照顾小孩子）”等不同的交往空间和机会。

培养孩子遵守社会行为规范

首先，可在孩子日常生活的一点一滴中树立规矩，对孩子进行养成教育。比如，对人有礼貌，说话和气，不发脾气，不吵闹，不打人，不骂人，不说粗话，不拿他人东西，不随意摔东西，不折公共场所的花草树木等。其次，父母要与孩子共同遵守规矩，以促进孩子养成自觉遵守社会行为规范的好习惯。

✗ 因为工作忙不陪伴孩子　✗ 过于严厉地对待孩子　✗ 为图省事将孩子丢给长辈养

孩子开始说谎

3 岁的丽丽去朋友家玩，回来时手里多了一只玩具狗。丽丽的妈妈看见后，就问她玩具狗是从哪里来的，丽丽回答是朋友给她的。然而，到了第二天，朋友的妈妈就对丽丽的妈妈说，她的女儿正到处寻找一只玩具狗，并问丽丽是否看到过。丽丽的妈妈立即就让女儿把玩具狗拿出来，然后送还给了朋友。

事后，丽丽的妈妈非常生气，并严厉地批评了她。

蒙氏解析

怕家长的打骂

有些家长遇到孩子做错事情时，就要骂孩子或打孩子。孩子害怕被打、被骂，就会用说谎来掩饰自己的过错。这种掩饰会得到家长的宽恕，于是第二次、第三次做错事的时候，就会用说谎的方式来求得家长的宽恕。

表示对抗

有时孩子因为不愿意做或不能做某件事，用各种谎言去推诿。比如，孩子在做作业时，家长一会儿叫他喝水，一会儿叫他吃水果，孩子很不耐烦，随口说“不渴、不饿”，以表示对父母的反抗。

满足自己的愿望和虚荣心

一件事本来不是孩子自己做的，但说是自己做的，就可以得到家长的夸奖、奖励，满足自己的虚荣心。也有一些孩子为了满足自己想得到某些东西的愿望而撒谎，比如，想要一个玩具，就说学校要收学费，转头就用钱买了玩具。

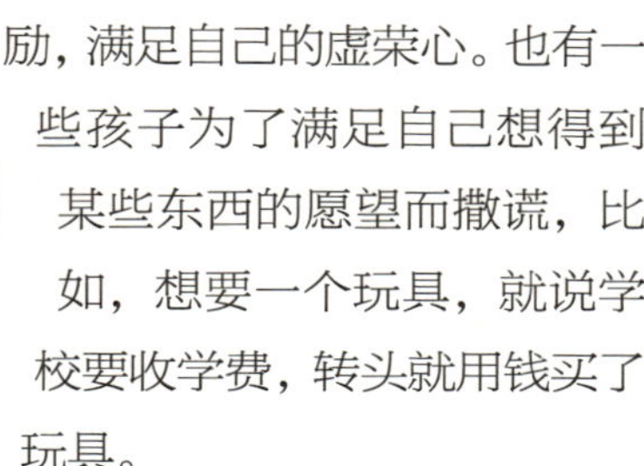

想引起父母关注

很多孩子说谎是因为父母对孩子的关注过少，孩子想用说谎的方式来获得父母的关注。比如，父母工作都很忙，孩子平时很少与他们交流，为了引起父母的注意，就说自己肚子疼、不舒服，让父母多陪陪自己。又如，一些家庭有了二宝之后，可能会把大部分时间放在照顾二宝身上，大宝会感觉被忽视，于是开始假哭，引起父母的注意。

想象力丰富

学龄前的孩子想象力是非常丰富的，尤其是在玩游戏时会用假设性的语言来完成角色扮演，比如，自己被偷了、抢了，不知情的父母可能会被孩子这样的语言吓到。

另外，还有一些孩子完全不知道自己说的话是真的还是假的，把一些错觉或想象当作现实讲出来。

父母需要分清孩子是在玩游戏，还是在描述真实发生的事情，对于孩子描述内心想象的情形，父母不必过于紧张。

蒙氏早教培养游戏

狼来了

适宜年龄：3 岁以上　　用具准备：无

练习方法：1. 先给孩子讲《狼来了》的故事，让孩子熟悉故事情节，顺便穿插说一下撒谎的危害。2. 妈妈扮演大灰狼，爸爸扮演农夫，孩子扮演撒谎的小孩。3. 妈妈躲在另一个房间，孩子对着爸爸大喊："狼来了。"爸爸冲出来问狼在哪里，发现没狼后沮丧地走开。4. 在孩子喊了 3 次"狼来了"后，爸爸不再出来，妈妈出来"凶狠"地抓住孩子。5. 在游戏过程中让孩子了解说谎有害的道理。

颠倒歌

适宜年龄：4~6 岁　　用具准备：无

练习方法：1. 给孩子读《颠倒歌》。

太阳出西落在了东；胡萝卜发芽长了一根葱；
天上无云下大雨；树梢不动刮大风；
滚油锅里鱼打浪；高山顶上把船撑。

2. 孩子可能有的地方理解不了，把意思仔细地讲给孩子听。3. 和孩子一起大声地念儿歌，好玩、有趣的《颠倒歌》总是能够引起孩子的笑声和兴趣。趁机向孩子说明谎言有多么可笑。

诚信的故事

适宜年龄：4 岁以上　　用具准备：无

练习方法：1. 给孩子讲关于诚信的故事，比如《手捧空花盆的孩子》。要告诉孩子故事中手捧空花盆的孩子，宁可失去"当未来的国王"的机会，也不用种出花的假成绩去欺骗国王，这种诚实的品质很值得学习。2. 教孩子讲诚信，家长自身就应该具备诚信的品质，以身作则，因为家长的一言一行对孩子的影响是很大的。

父母可以这样做

面对孩子说谎的问题，很多家长都会有这样的困惑：我家孩子原来挺乖的，怎么突然学会说谎了呢。家长为此感到焦虑。其实说谎是孩子自我意识发展的一种体现，而且是比较普遍的一种正常现象，只要家长给予正确引导，过不了多久孩子就能够改正这种坏习惯了。

不给孩子贴标签

标签有时有着很大的心理暗示作用，可能会对孩子产生非常大的影响，甚至是终生影响。因此，不能因为孩子说了谎，就给他贴上“骗子”“撒谎精”等特别负面的标签，以免影响孩子心理健康。

如果被贴了标签，孩子的内心会觉得自己不被理解，对家长也不再信任，慢慢地孩子的说谎行为就会变成真正意义上的“说谎”，不利于孩子身心成长。

反思自己的行为

孩子的模仿能力比较强，会模仿他人的行为，因此，家长应当注意一下自己平时的言语行为，是不是家长平时说话不算数，对孩子的承诺经常不能兑现。因此，要想孩子诚实守信不说谎，家长就要以身作则，言行一致。注意自己生活中的一言一行、一举一动，为孩子做个榜样，做个表率。

轻惩罚，重解释

惩罚虽然能暂时抑制说谎行为，但不能从根源上杜绝。如果惩罚过于严厉，还会让孩子对家长失去信任感。家长可以适当采用轻度的惩罚措施，比如，“行为账本”，记录孩子日常生活中的良好行为与说谎行为，并用分数表示：当孩子认真做家务后得 10 分，玩完玩具并整理得 10 分，若有撒谎行为扣 20 分，属于适度的精神惩罚。当分数达到 100 分时，父母可以适当给孩子一些奖励。

既要适度惩罚，也要向孩子解释为什么不能说谎（失去朋友、家人对自己的信任；害怕谎言被戳穿，经常处于焦虑的心理状态等），以及惩罚说谎行为的理由，让孩子感受到自己是被尊重、被理解的。

父母不要这样做  太过严厉的惩罚（如罚跪、打手板等）

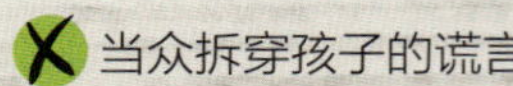